英語でたのしむ「アドラー心理学」

その著作が語りかける、勇気と信念の言葉

小池直己

PHP文庫

○本表紙図柄＝ロゼッタ・ストーン（大英博物館蔵）
○本表紙デザイン＋紋章＝上田晃郷

はじめに

この本を書こうと思ったきっかけは、アドラー心理学の本を英語の原文で読んだ時に、彼のある考えに深い感動を覚えたからです。その本のタイトルは、*What Life Could Mean to You*でした。日本語の概要は次の通りです。

「他人に承認されるために、自分の人生があるのではない。他人の評価を気にせずに、自分自身の人生を生きるべきである。そのためには、たとえ他人に嫌われても、かまわない。自分の人生は、自分自身のためにあるのであり、他人のための人生ではないのである」

このアドラーの考えに出会った時の感動は、今でも忘れることができません。なぜならそれは、私が20歳のときから今日まで貫いてきた自分自身の生き方と多くの部分で共通していたからです。この言葉に強い共感を覚え、勇気づけられるような思いがしました。

他人の目を気にしない自由な生き方は、ときには他人から誤解され、嫌われることもありました。けれど私は、この生き方を後悔したことは一度もありません。

さらに、アドラーの考えの中で深く感動したのは、私が常に悩んでいた心的外傷（トラウマ）の存在を否定してくれたところにあります。

過去の出来事の原因解明にとらわれて、マイナス体験の記憶に留まる後ろ向きな人生よりも、マイナス体験を糧《かて》として、将来の自分の目的のために「これからどうするか」と前向きに考える大切さをアドラー心理学から学び、救われたような気がしました。

私は、これまでに多数の英語の著書を出版してきましたが、実は大学院での専攻は心理学でした。長年、「アドラーからもらったこの感動を一人でも多くの読者と共有したい」という思いを抱きながら今日まできましたが、最近のアドラー心理学の人気を受けて、ここに夢を叶えることができました。

本書では、*What Life Could Mean to You*に、*The Science of Living*と*Problems of Neurosis*を加えたアドラーの著書三点の中で、特に重要と思われる50箇所の英文を抽出《ちゅうしゅつ》して、全訳と語句の解説を付け、さらに個別的にアドラー心理学の解説をしています。

実は、アドラーが英語で書いた著書を読むことは、彼の考えを理解する上でとても大きな足がかりとなるのです。

本書でも多くの言葉を引用した*What Life Could Mean to You*は、ウィーン生まれで、ドイツ語を母国語とするアドラーが、初めて英語を使って書いた著書です。そのため全体を通して、極めて易しく、理解しやすい英語で構成されています。内容的にも非常に分かりやすいため、彼の心理学の概要をストレートに理解することができるでしょう。

アドラー心理学の重要ポイントは、「人は変われる」という前向きな姿勢です。マイナスの状況、経験に遭遇しても、自分の置かれた状況をありのままに受け入れ、プラス的思考で、「勇気」を持って、今の自分を変えることが大切であると言います。

今現在の自分を変えることは、簡単なことではありません。「勇気」が必要なのです。この人生に生きる勇気を与えてくれるのがアドラー心理学です。

皆さんが、アドラーから、「生きる勇気と希望」を少しでも汲み取って、明日の豊かな人生の糧にしていただけるのであれば幸いです。

この本の英文には、全訳と単語の簡単な解説を付けているので、辞書なしでも最後まで通読することができるようにしてあります。また、読者が読みやすいように原文に部分的に修正・省略を施した箇所もあります。結果的に、英文を読む訓練にもつながることを願っています。

小池直己

英語でたのしむ「アドラー心理学」

目次

第1章 自分の人生は自分が決めたもの。他人の評価は気にしない

第2章 すべての悩みの根源は人間関係にある

第3章 ありのままの自分を受け入れる

第4章 叱ってはいけない、褒めてもいけない

第5章 子供の教育・親の役割

第6章 恋愛・思春期

第7章 結婚

第1章

自分の人生は
自分が決めたもの。
他人の評価は気にしない

1

個人としての人間は、
弱い存在であるので、
孤立した状態では、
目的を達成することができない

There are others around us, and we exist in association with them.
The weakness and the limitations of individual human beings make it impossible for them to achieve their own aims in isolation.
If they lived on their own and tried to meet their problems by themselves, they would perish.

我々の周囲には、他者が存在し、我々は他者と何らかの関わり合いをもって存在している。

個人としての人間は弱い存在であり、限界があるので、孤立した状態では自分自身の目的を達成することができない。

もしも自分一人で生き、自分一人だけの力で問題に対処しようとすれば、死に絶えてしまうだろう。

重要語句

in association with　〜と関わり合って ｜ weakness　弱点
limitation　限界 ｜ achieve　〜を成し遂げる
isolation　孤立 ｜ live on one's own　一人で暮らす
meet　〜に対処する ｜ perish　滅びる、死に絶える

解説

アドラー心理学では、**「人間の悩みは、すべて人間関係が原因である」**と捉えて、**人間関係をシンプルに４パターンに分類しています。**

① **自分と自分自身との関係**（自分が自分自身をどのように捉えているか）
② **相手と自分との人間関係**（相手が自分をどう受け止めているか）
③ **自分が置かれた環境における他者との関係**（例えば、職場における上司と部下、同僚、友人、恋人などとの人間関係）
④ **自分と自分自身が置かれている生活環境**（例えば、自分が所属している職場や学校など）

では、人間関係に苦しむ時、どう解決すれば良いのでしょうか。
②の「相手と自分との人間関係」では、「相手」の価値観や人間性を変えよう

としても、**相手が自分をどう思っているのかを変えようとしても、それはうまくいきません。**相手には相手なりの都合があるからです。相手の考え方や行動様式、つまり、ライフスタイルをあなた好みに変えることは不可能です。

③の「自分が置かれた環境における他者との関係」を変えることは、上司と部下との関係などを逆の関係にすることです。時には、人事異動で立場が逆転することもありますが、可能性は低いと言えます。

④の「環境」を変えることは、決して不可能ではありません。例えば、職場や学校を移ることもできます。しかし、次の環境が必ずしも良くなる保証はありません。

それでは、①の場合はどうでしょうか。**どんな時でも、「自分」を変えることはできます。**

自分の置かれた環境や、人間関係に対する受け止め方、物の見方、価値観などを変えることによって、人間関係の悩みや、逆境を乗り越えていくことが大切なのです。

②

人は、自分自身の弱さ、欠点、限界があるために、常に他者と結びついているのである

They are always tied to others, owing to their own weaknesses, shortcomings and limitations.
The greatest contribution to an individual's own welfare and to that of humankind is fellowship.
Every answer to the problems of life, therefore, must take into account this constraint.

人は、自分自身の弱さ、欠点、限界のために、常に他者と結びついているのである。

自分自身の幸福と人類の幸福のために最も大きな貢献をするのが共同体感覚である。

それゆえ人生の問題へのすべての答えは、この結びつきから生じる制約を考慮に入れなければならない。

重要語句

be tied to　〜と結びつく　|　owing to　〜のせい[おかげ]で
shortcoming　欠点、短所　|　contribution　貢献
welfare　幸福、健康　|　fellowship　仲間意識、共同体感覚
take into account　〜を考慮する
constraint　〈人を〉拘束[束縛]するもの

解説

私たちが生きている社会には、様々な利害が存在します。この人間社会において、誰もがより豊かな生活を求めて、利益を追求しているのです。しかし、個人が自分の利益を追求するあまり、他者の利益を全く考慮しなくなれば、両者の間には敵対関係が生じ、平和な社会生活は崩壊してしまうでしょう。

このような状況に置かれると、人は不安を感じ、誰も信じられなくなります。その結果、周囲からの信頼も得られなくなります。このような時、人は自分の居場所がわからなくなり、孤独に陥るのです。

孤独感から脱却し、前進したい時は、自分が所属している集団、例えば、職場、サークル、仲間集団等のグループに貢献することを考えてみましょう。これが、アドラー心理学の「他者貢献」です。グループ、集団、組織が一丸となって達成しようと頑張っている課題に対して、自分も誠心誠意協力すると、同じ目標に向かって進んでいるという仲間意識が生まれます。自分が仲間と一体となって、役に立てている、「他者貢献」をしていると感じると孤独感は消え去ります。「ありがとう」「お蔭で助かったよ」と感謝の言葉をかけられると、**勇気づけ**になり、幸せな気持ちになり、一層仲間意識が強くなります。

これが、アドラー心理学の中でも、特にアドラーが力説してやまない**「共同体感覚」**です。

アドラー心理学では、**共同体への貢献**を重視しています。社会、集団に貢献し、自分が世の中のために役に立っている、存在意義があると実感することによって、人生における喜びと幸福感を実感することができます。

人間は一人では生きていけません。自分が周りの人に必要とされている、自分の存在が社会的に役に立っていると実感できる時、自分の人生に意味を与えることができるのです。

③

過去のマイナスの経験が
トラウマになるか、飛躍の礎石になるかは、
自分の考え方ひとつ。
挫折から学び、今後の人生に生かそう

No experience is in itself a cause of success or failure. We do not suffer from the shock of our experiences — the so-called trauma — but instead make out of them whatever suits our purposes.
We are not determined by our experiences but are self-determined by the meaning we give to them.

いかなる経験も、それ自体では成功の原因でも失敗の原因でもない。

我々は過去の経験による衝撃、いわゆるトラウマ（心的外傷）に苦しめられるのではなく、過去の経験の中から、自分の人生の目的に合ったものを選択するのである。

我々の人生は、自分が過去に経験したことによって決定されるのではなく、我々自身が過去の経験に対してどのような意味づけを与えるかによって、自ら決定するものなのである。

重要語句

in itself　それ自体は ｜ suffer from　～に苦しむ
so-called　いわゆる ｜ trauma　トラウマ（心的外傷）
instead　そうではなく、その代わりに
suits our purposes　目的に合わせる
self-determine　自ら決定を下す

解説

過去のマイナスの経験が、トラウマ（心的外傷）になるか、後の人生において成功するための礎石《そせき》となるかは、その経験の受け止め方によって異なります。

例えば、幼児期に親から虐待されたり、小学生の時にイジメにあったりした子供が、トラウマを受けて社会に適応できなくなり、大人になっても暗い過去を引きずっているという話を耳にすることがあります。

しかし一方で、同じようなマイナスの経験をしても、それをプラスの経験として受け止めて、後の人生の飛躍の礎石とする人もいます。

アドラーも「いかなる経験も、それ自体では成功の原因でも失敗の原因でもない」と言っていますが、**どのような経験をしたかというよりも、その経験や環境をどのように自分なりに受け止めたか、認知したかということが大切なのです**（「**認知論**」）。

同じ逆境を経験しても、前向きに生きている人や、**レジリエンス（resilience）**

の強い人は、マイナスの経験や逆境を、プラスの経験として受け止めることができるのです。

レジリエンスとは、精神的な視点から見ると、**「逆境を跳ね返す力」「逆境や強いストレスにあっても、折れずに、復元できる力」を意味します。**これを身体に例えれば、病気になっても、重傷を負っても、体力や蘇生《そせい》力、抵抗力、復元力によって、短時間で元気で健康な身体を取り戻し、以前にもまして強健《きょうけん》な身体を創り上げるようなものです。

現代社会において私たちは、複雑な人間関係、社会情勢のなかで生活しているので、様々な逆境やストレスに直面しています。しかし、それらを逆手にとって、プラスの経験として受け止め、成長の糧としてしまうような、前向きな生き方、考え方をする習慣をつけることが大切です。この姿勢を支えるのが、レジリエンスです。

④

身体的な、また物質的な困難と
一生懸命闘った人々が、
人類の進歩や発明を
もたらしたのである

Many of the most eminent people, people who made great contributions to our culture, began life with physical imperfections; many suffered from ill-health and some died young.
It is often from those people who struggled hard against difficulties, both physical and material, that advances and inventions have come.

最も優れた人々、我々の文化に多大な貢献をした人々の多くが、人生の初期の段階において、身体的に何らかの障害を抱えていた。彼らの多くが健康に恵まれず、早死にしてしまった人もいた。
身体的な、また物質的な困難と一生懸命闘った人々が、人類の進歩や発明をもたらしたのである。

重要語句

eminent　優れた ｜ contribution　貢献
physical　身体的な ｜ imperfection　不完全さ
struggle against　～と闘う ｜ material　物質的な
invention　発明

解説

「過去の経験や育ってきた環境、身体的な先天的障害など、与えられた外的要因によって、人生の方向性が決定されてしまうのではなく、**自分が置かれている環境、過去の経験や身体的な先天的障害の現実をありのまま受け止めて、逆境をバネにして、飛躍、成長するための糧にしてしまうような〝ライフスタイル〟を築くことが大切なのである**」とアドラーは言っています。

「ライフスタイル」とは、一般的には「生活様式」という意味ですが、アドラー心理学では、人間の生き方、考え方（思考）、感じ方（感情）に近い意味で、**その人独自の世界観、価値判断の基準、行動様式などを総合したものを意味します。**これは人間の性格という固定したイメージとは異なり、努力次第で、自分自身を変えていけるということです。

つまり、自分の置かれている現状を変えることはできませんが、その現状をプラス思考で受け止めることによって、逆境を克服し、それを成長の糧として、幸せな人生を歩むことを理想としています。アドラー自身も幼少期、「くる病（骨の石灰化障害）」を患いましたが、この病を克服し、偉業を成し遂げました。

過去の不幸な経験や育ってきた劣悪な環境、身体的な先天的障害などは、修正することも、変えることもできません。その原因を究明しても、根本的な解決にはならないのです。

つらい経験をした人や恵まれない環境で育った人、身体的な先天的障害をもった人でも、その状況を前向きに受け止め、その経験を人生の糧にして成功してきた人は数え切れません。一方、これらの不幸な現実から目を逸らし、人と社会を恨み、卑屈になり、現実から逃避し過剰な劣等感に悩む人もいます。しかし、**自分の「ライフスタイル」を変えることによって、マイナスの経験をプラス思考で捉え、前向きに生きていこうではありませんか。**

過去を変えることはできませんが、「ライフスタイル」を変え、**自分の「不幸な経験」をどう意味づけるかによって、その後の自分の生き方や行動は大きく変わっていくのです。**

⑤

人生を切り開くのは、
自分自身だ。
だから自分のための人生は
自分自身が決めなければならない

'We must make our own lives. It is our own task and we are capable of performing it. We are masters of our own actions. If something new must be done or something old replaced, no one can do it but ourselves.' If life is approached in this way, as a co-operation of independent human beings, there are no limits to the progress of our human civilization.

私たちは自分で自分自身の人生を作っていかなければならない。それは我々自身の課題であり、それを成し遂げることができる。私たちは自分の行動の主人公である。もしも何か新しいことを成さなければならない、あるいは、何か古いことの代わりを見つけなければならないのであれば、それは私たち自身にしかできない。
もしも、人生がこのような仕方で、即ち、自立した人間の協力としてアプローチされるのであれば、人間の文明の進歩に限界はないだろう。

重要語句

task　課題　|　be capable of　～をすることができる
perform　～を成し遂げる
something old replaced　何か古いことの代わり
co-operation　協力　|　progress　進歩
human civilization　人間の文明

解説

アドラーは、「人間は、自分自身の人生を描く画家である」と言っています。つまり、**「人生を切り開くのは、自分自身だ。だから自分のための人生は自分自身が決めなければならない」**ということです。これが、アドラー心理学の重要ポイントの一つである**自己決定性**です。

私たちは人生において、困難に直面すると、つい周囲の人、社会、環境、他人のせいにしてしまう傾向があります。また、過去のマイナスの経験、恵まれない家庭環境などを思い出し、苦悩することもあるかもしれません。

しかしアドラーは、**「人間は、自ら運命を切り開く力を備えている」**と考えています。過去の経験を経て今日の自分が存在するのであれば、今の自分を変えて新しい自分を創るのも自分自身であると言っています。

自己決定をする際に大切なのは、どのような判断基準で人生の方向付けをするかです。アドラーは、困難に直面した時に、どのような方法、方針が、**ユースフ**

ル（有益）かユースレス（無益）か、という二者択一の基準を挙げています。

どちらの方が正しいか、良いことかという判断基準は、人によって多種多様の見解があり、判断するのに時間がかかってしまいます。そこで、自分と相手にとって、ユースフル（有益）かユースレス（無益）かの判断の方が、客観性もあり、即座に判断できると考えたのでしょう。

また、人は困難に直面した時、「なぜこんなことになってしまったのだろう？」「何が原因だったんだろう？」と、過去に遡《さかのぼ》って失敗の原因を究明したくなります。

しかし、アドラーに言わせると、それは無益な行動です。過去は変えることができません。たとえ原因を解明したとしても、仕方がないのです。

アドラー心理学の特徴は、人の行動は、全て「目的」によって説明がつくと考える目的論に根ざしています。私たちにとって大切なのは、過去に遡り「どうしてこうなったか」という原因を究明するのではなく、「これから、この状態で、何ができるか、何を目指すべきか」と、未来に向けて、自分の目的を考える前向きな生き方なのです。

⑥

勝てないものに
無理に打ち勝とうとするのは、
時間の無駄だ

Your father seems to be completely wrong. It is very unwise of him to try to exert his authority over you the whole time. Perhaps he is a sick man and needs treatment. But what can you do? You cannot expect to change him. Suppose it rains; what can you do? You can take an umbrella or a taxi, but there is no use trying to fight the rain or overpower it. At present you are spending your time fighting the rain.

「あなたのお父さんは、全く間違っているように思える。いつも権威を振りかざすことは決して賢明なことではない。多分、彼は病気で治療が必要だ。でも君に何ができるだろうか？　彼が変わることは期待できない。雨が降っていると仮定してみよう。君に何ができるだろう？　傘を持って行ったり、タクシーに乗ったりすることはできる。でも、雨と闘って、打ち勝とうとしても無駄だ。今、君は雨と闘って時間を浪費している」

重要語句

completely wrong　全く間違っている
exert authority　権威を振りかざす
treatment　治療　|　overpower　打ち勝つ
at present　今、現在　|　spend time　時間を費やす

解説

自分と他者とは違うことを認識しましょう。他者の性格、行動様式、価値観、考え方など、相手の「ライフスタイル」を自分の思い通りにすることは不可能です。他人には他人の事情があり、自分と他者は別々の課題を持っています。

職場などで、複数の人と接していると、「どうして、あの人は、この状況で、あのような反応をするのだ?」「なぜ、こんなことを言うのか?」「どうして、わかってくれないの?」など、気になること、思い通りにならないこと、不本意に感じることが多いでしょう。これは、恋人同士、友人同士、親子関係においても同様です。

つまり、**他者は自分の思い通りにはならないのです。**他人の課題に踏み込むことを避けなければ、人間関係が破綻《はたん》したり、人間不信に陥《おちい》ってしまうこともあります。このような場合には、**課題の分離が必要になります。つまり、自分の事情と他人の事情を分離して考えるのです。**

個人の課題は、自分自身が解決しなければならない課題で、他者が無闇に踏み込んではいけないのです。**課題に直面した時には、まず、その課題がだれの課題なのかを考えてみることが大切です。行動する前に、自分が取り組むべき課題か、他人の課題かを明確にするのです。そうすれば、人間関係のトラブルを避けることができるでしょう。**

これに対して、自分と他者とが協力して解決する**共同の課題**があります。自分の課題か、他人の課題かを明確に区分した上で、両者の共同の課題を設置することは、人間関係を構築するうえで大切なことです。共同の課題を設ける際に注意すべき点は、お互いにとって、納得のゆく課題にすることです。双方にとって、納得のゆく課題であるならば、各メンバーは、積極的に、意欲的にその課題に取り組むことができるでしょう。

アドラー心理学の対人関係論の中で特に重要なのが、この**課題の分離と共同の課題**の考えなのです。

⑦

この世界には、悪、困難、
偏見、災害などが存在する。
しかし、その利点も不利な点も
我々のものである

It is true that there are evils and difficulties, prejudices and disasters in this world; but it is our own world and its advantages and disadvantages are our own. It is our world, to work in and improve; and we can hope that if anyone faces up to their tasks in the right way they can play their part in improving it.

たしかにこの世界には、悪、困難、偏見、災害などが存在する。しかし、それが我々の生きている世界であり、その利点も不利な点も我々のものである。我々はこの世界の中で働き、この世界を改善していくのである。だから、誰かが自分自身の課題に対して、適切な方法で、正面から堂々と立ち向かっていくならば、この世界を改善するにあたって、自分自身の役割を果たすことができるだろう。

重要語句

evil　悪　|　prejudice　偏見　|　disaster　災害
advantage　利点　|　disadvantage　不利な点
our own　我々のもの　|　improve　～を改善する
face up　～に正面から堂々と立ち向かう
play part　役割を果たす

解説

同じ不幸な状況や境遇、恵まれない環境の中でも、自分を取り囲んでいるマイナスの状況をプラス思考で受け止めて、成長の糧、飛躍の礎石としてしまうポジティブな生き方のできる人がいます。そのような人が共通して持っているのは、先ほどもお話しした「レジリエンス（逆境を跳ね返す力）」です。

これは、誰にでも潜在的に備わっている力ですが、現代人は、様々なストレスにさらされているので、この潜在能力が弱められてしまう傾向があります。その結果、心身ともに疲れてしまい、逆境を前にした時に心が折れてしまうことがあるのです。特に近年、精神疾患を患い、医療機関に通院する学生、社会人の数が年々増加の一途《いっと》をたどっています。その解決方法の一つとして、アドラーの提唱する**楽観主義**が挙げられます。

アドラーのいう楽観主義とは、目の前の現実から目を逸らさず、「できるかどうかわからないが、一生懸命に、ダメモトでやってみよう。今回は失敗しても、

失敗の経験を生かして、次回こそ成功しよう」と努力する考え方のことです。

これは例えば、英検2級を受験するのと同時に、準1級の願書も出す人の心理に似ています。「合格できるかどうかはわからないけれど、一生懸命に勉強して、ダメモトで受けてみよう」と考えて、実力以上の難易度の試験を受験する場合です。たとえ、英検準1級に不合格になったとしても、そのために努力し、身に付けた英語力は蓄積されます。その失敗の経験は、次回の挑戦に生かされるでしょう。これが、アドラーのいう楽観主義です。

ここで注意しなければならないのは、楽天主義にならないようにすることです。楽観主義と楽天主義とは、明確に異なります。

楽天主義の場合は、合格する実力もないのに、自分勝手に「私は絶対に合格できる！」と一方的に思い込んでしまいます。そして失敗すると、自尊心を傷つけられ、「自分は、ダメな人間だ」「バイトが忙しくて、受験の準備をする環境に恵まれていなかった」などと、自分の失敗の原因を外在的な要因に求める傾向があるのです。

第2章

すべての悩みの根源は人間関係にある

⑧

誰もが他者に対して
関心を持つ能力を備えているが、
この能力は訓練され、
鍛えられなければならない

The most important task of a parent is to give a child their first experience of a trustworthy 'other person'. (中略) If they fail in the first task — to gain the child's interest, affection and co-operation — it will be very difficult for the child to develop social interest and a sense of fellowship with others. Everybody has the capacity to be interested in others, but this capacity must be trained and exercised or its development will be retarded.

親の最も重要な課題は、子供に信頼に値する「他者」を最初に経験させることである。（中略）もしも親が、この最初の課題、つまり、子供の関心、愛情、協力を得ることに失敗すると、子供が、社会的関心や他者との仲間意識の感覚を発達させることが極めて難しくなるだろう。誰もが他者に対して関心を持つ能力を備えているが、この能力は訓練され、鍛えられなければならない。さもなければ、その発達は遅れるだろう。

重要語句

task　課題 ｜ trustworthy　信頼に値する ｜ affection　愛情
fellowship　仲間意識、共同体感覚 ｜ capacity　能力
development　発達 ｜ retard　遅れる

解説

子供が心身ともに健やかに育ってゆくためには、母親との深い愛情で結ばれた信頼関係が大切であると考えられています。

このような特定の対象に対する特別の情緒的結びつきを、イギリスの児童精神分析学者ボウルビィは、**愛着（アタッチメント）**と命名しました。そして、乳幼児期に形成された人間の最初の絆は、永遠的なものであるとしています。

また、この乳幼児期の母親との信頼関係が、子供の後の人間関係にとって大きな影響を与えることになると指摘しています。

母親との深い愛情で結ばれた信頼関係が大切であることに関しては、アドラーも同様な立場をとっており、さらに**母親が、子供の愛情を得ることと子供との信頼関係を築くことに失敗すると、子供が、他者との仲間意識の感覚や信頼関係を発達させることが難しくなる**だろうと言っています。

また、人間は生まれつき、他者に対して関心を持つ能力を備えていますが、この能力を訓練し、鍛えなければならないと言っています。これは、アドラー心理学の重要ポイントの一つである、**対人関係論**の中でも取り上げられていますが、**乳幼児期における、母親との深い愛情で結ばれた信頼関係は、後の人生における、他者との信頼関係と共同体感覚を養う基礎となります。**

アドラー心理学で、個人が幸福となるために必要なものをつきつめると、職場や家庭、地域などにおいて、周囲の人たちとの信頼関係によって築き上げられた共同体感覚です。

周りの人に関心を持って接し、彼らと信頼関係の絆で結ばれることによって、自分の人生に意味を見出し、幸せを感じることができるとアドラーは言っています。この出発点となるのが、乳幼児期における母親との愛着（アタッチメント）なのです。

⑨

「自分のことをわかって欲しい」
と思う前に、相手に関心を持ち
「相手のことをわかろう」
と思うことが大切である

Spoilt children, for example, who have learned to be interested only in themselves, will take this lack of interest in others to school with them. Their lessons will interest them only in so far as they think they can gain their teachers' favor. They will listen only to what they consider advantageous to themselves.

例えば、甘やかされた子供は、自分自身のことだけに関心を持つことを学んできたので、一緒に学校で学ぶ他の子供に対しては関心を持たない。勉強に対しては関心を持つかもしれないが、それは、教師から恩恵を受けられると思っている限りにおいてである。彼らは自分にとって有益だと思うことだけに耳を傾ける。

重要語句

lack of　〜の欠如 ｜ so far as　〜をする限りにおいて
favor　好意、恩恵 ｜ advantageous　有益な

解説

他者の話に耳を傾けずに、いつも自分のことばかりを中心に考え、自分の考えを他者に押し付けようとする人がいます。このような人は、幼少期において甘やかされて育った人が多く、大人になると、自分の利益しか考えないような自己中心的な人間になることが多いです。このような生き方をする人は、一見、得をしているように見えるかもしれません。

しかし、社会の中では、人間は多くの人の協力によって生かされているのです。目先の損得だけを考えて行動している人は、結果的には、他者からの協力を得られずに、孤立してしまい、自滅してしまいます。

アドラーは、「共同体感覚」を重視しました。良い人間関係を作るためには、「自分のことをわかって欲しい」と思う前に、相手に関心を持ち「相手のことをわかろう」と思うことが大切です。

共同作業や会話をする際には、相手の立場に立って、共通の課題、共通の感覚を持つよう心掛けましょう。つまり、「自分が世界の中心ではない」ことを常に自覚して、他人の立場、置かれている状況、その人の性格などを掌握《しょうあく》してから、相手と自分の共通感覚、共同体感覚を持つことが大切なのです。時には、自分の状況を相手に伝えることも必要でしょう。

相手と自分の共通感覚を持つためには、「聞く」「話す」のバランスが大切です。自分の見方・考え方に対して、他者が常に共感してくれるとは限らないことを、いつも心に留めておく必要があります。

人によって様々な価値観・見方・考え方があります。これを、アドラーは、「ライフスタイル」と呼びました。**人によって「ライフスタイル」は異なるので、人間関係で衝突を避けるためには、「自分と他者とは違う。人には、その人なりのライフスタイルがあるのだから、自分の事情と他人の事情は違う」と、分けて考える必要があります。**

⑩

苦手な人とは無理に
仲良くならなくても良い。
他人には他人の事情があり、
自分と他者とは別々の
価値観があるのだから

We are well aware how many different kinds of teachers there are. If teachers have a low degree of social feeling, their goal of superiority in being a teacher may be to be a big fish in a small pond. They may feel secure only with those who are weaker and less experienced than themselves. Teachers with a high degree of social feeling will treat their pupils as their equals.

教師と一言で言っても、多種多様であることは一般的によく知られていることである。もしも教師の持っている共同体感覚の程度が低ければ、教師であることの最優先目的は、狭い世界で、自分より弱い人間を支配することなのかもしれない。彼らは自分よりも弱く、経験の少ない人と一緒にいる時だけ、安全であると感じるかもしれない。しかし、共同体感覚の程度の高い教師は生徒を自分と対等に扱うだろう。

重要語句

be aware　～に気づいている、知っている
superiority　優越性 ｜ a big fish in a small pond　井の中の蛙
feel secure　安全であると感じる ｜ treat　～を扱う

解説

ここでは、少し自分の話をさせてください。私は小学5年生の時、クラス担任の男性教師から精神的虐待を受けていました。テスト問題を配る時に何度か、クラスの全員の前で、「直己、カンニングするなよ」と言いながら問題用紙が配られました。

そんなある日、「交通事故について」という課題で作文の宿題が課されました。私は、3歳下の弟が自転車にはねられた出来事について、自分の感じたままに、原稿用紙5枚にまとめて宿題を提出しました。漢字が苦手だったので、5枚の原稿用紙の中には、ほとんど漢字が使われていなかったと思います。数か月後、掃除当番をしていた時、「君の作文を学校代表として読売新聞社主催のコンクールに出したところ、銀賞を受賞した」と伝えられました。

最初は、実感が湧いてきませんでした。成績は常にクラスのビリレベル、学級委員長にも一度も選ばれたことがなかった私が、全校生徒の前で校長先生から賞状と副賞を手渡されました。

教室に戻ると、いつも一人ぼっちだった僕の席の周りにクラス中の生徒が集まって、祝福してくれました。すると、先生が突然教室に入ってきて、心ない一言を言い放ったのです。

「おまえが書いたんじゃねえんだろう。誰に書いてもらったんだ」

あまりの衝撃に、私の心は一瞬にして打ちのめされました。ただ涙が流れるのを止めることができませんでした。その時、背後から、一人の少女のやさしい声が聞こえました。「私は、信じている」

その時、私は初めて恋をしました。**この恋に勇気づけられ、つらい経験をプラス思考で受け止めて、常に前向きに生きることを初めて学びました。**彼女のおかげで、私は学校へ行くのが楽しくなり、勉強も運動も好きになりました。

その後の私の人生は、苦難の連続でしたが、**逆境をプラス思考で受け止めて、絶望のどん底から何度も這い上がってきました。**50年以上も前の、この時の苦しい経験は、私が大学教授になってからも、大いに役立ちました。

自分の価値観と異なる人の言葉など、気にとめる必要はないのです。

⑪

相手の長所を
意識的に見ようとすると、
人間関係が楽になる。
まず、相手を肯定する習慣を
つけることが大切である

Human co-operation has need of many different kinds of excellence. To one child, superiority will seem to lie in mathematical knowledge, to another in art, to a third in physical strength. Children with a weak digestive system may come to believe that the problems confronting them are mainly problems of nutrition. Their interest may turn towards food, since in this way they believe they can better their situation.

人間の協力には、多くの異なった種類の優秀さが必要である。数学的知識に優れた子がいれば、芸術が得意な子もおり、また強い肉体を持つ子もいる。消化機能が弱い子供は、自分が直面している問題は、もっぱら、栄養の問題だと思うようになるかもしれない。彼の関心は食物へ向かうかもしれない。なぜならば、このようにして、自分の状況を改善できると信じているからである。

重要語句

mathematical knowledge　数学の知識
physical strength　身体の強さ ｜ digestive system　消化機能
confront　直面する ｜ nutrition　栄養

解説

人には誰にでも得意なものがあります。アドラーは、「あるがままの自分を受け入れて、今の自分にできることは何か、これから未来に向かって、どうすればいいのかを考えることが大切なのだ。**考えるべきは、何が与えられているのかではなく、与えられているものをどう使うかである**」と言っています。

これを共同作業する際の「他者」に置きかえて考えてみると、「あるがままの他者の存在を受け入れて、その人にはどのような才能・個性があるのかをみきわめ、これからこの人とどう協力していくのが最良の方法なのかを考えることが大切だ」ということになると思います。

人には誰にでも得意なものがあります。事務能力の高い人もいれば、発想力のある閃《ひらめ》き型の人もいます。機械や電器に強い人もいれば弱い人もいます。英語のできる人もいれば数学や物理、化学のできる人もいます。

人間の持つ才能の特殊性は様々です。大切なのは、自分の所属する集団や会社組織において、他者と協力しながら、自分の能力を十分発揮することによって、集団や会社組織のために貢献することです。そうすることによって、他者から感謝され、自分の存在意義を実感し、幸せな人生を歩むことができるのです。**これが、アドラーのいう「勇気づけ」です。**

その際に忘れてはならないのが、他者に対する「勇気づけ」です。つまり、**言葉に出して、「ありがとう。助かりました」と感謝の言葉を伝えるのです。**そうすることによって、相手は勇気づけられ、意欲的に仕事に取り組み、協力してくれるでしょう。

このように、**相手の立場に立って考えることを、アドラー心理学ではコモンセンス、すなわち「共通感覚」と言います。「共通感覚」は、相手との共同目標に向かっていくために必要な「他者の耳で聞き、他者の心で感じる」感覚です。**

⑫

母親は、赤ちゃんに
他の人間との最初の接触、
自分以外の誰かに対して
関心を持つ機会を与える、
社会生活への最初の架け橋である

From the moment of birth, babies seek to bond with their mother. This is the purpose of all their behavior. For many months their mother plays by far the most important role in their lives: they are almost completely dependent upon them. It is in this situation that the ability to co-operate first develops.

誕生の瞬間から赤ちゃんは母親との絆を求める。これが赤ちゃんの行動の全ての目的である。何か月もの間、母親は、赤ちゃんの人生において、明らかに、最も重要な役割を演じる。赤ちゃんは、ほとんど完全にと言って良いほど、母親に依存している状態である。協力の能力が最初に発達するのは、この状況においてである。

重要語句

seek　求める ｜ bond　絆 ｜ behavior　行動
by far　はるかに、明らかに ｜ role　役割
dependent upon　〜に依存する

解説

人間の発達段階については、自我―他我の意識過程や精神構造の変化などを基準にして考えてみると、**新生児期は生後1か月頃までで、乳児期は生後1か月頃から1歳半頃であると考えられます。**

乳児期の赤ちゃんにとって、母親は、他の人間との接触機会を提供する、最初の存在となります。つまり、母親は赤ちゃんにとって、社会生活への最初の架け橋なのです。

生後3～4か月ぐらいから、意識的に、「アーアー」とか「ウーウー」などという音声（babbling）を発し、周囲の人の言語的な反応に慣れ親しんでいきます。そのうちに、8か月ぐらいになると、大人の簡単な言葉を理解し、生後1年ぐらいで片言を話すようになるのです。

言語活動の発達は、思考や記憶だけではなく、他者との関係の樹立、社会性の発達にとって大切なことなのです。また、乳児の思考は、自己と他者との分離が不十分な状態のままに、判断を下して行動する傾向があるので、自己中心性が強いと言われています。

さらに、3～4歳頃になると、周囲のあらゆることに興味と疑問を持ち、いわゆる質問期という特殊な時期をむかえるのです。

乳幼児の知的活動の発達は、このような成長過程をたどることになると考えられているのですが、**自分と他者との最初の社会的関係の架け橋となる母親としての役割は重要です。**人間は他者との協力なしでは生きていけません。お母さん方には、共同体感覚を育てることを常に意識しながら、乳幼児と他者との架け橋となって欲しいと思います。

⑬

母親は子供に、信頼に値する人間と出逢う最初の経験を与えなければならない

She must also turn the children's interest to their social environment: to the other children in the family, to friends, relatives and fellow human beings in general.（中略）She must give the children their first experience of a trustworthy human being, and she must then be prepared to extend this trust and friendship until it includes the whole of human society.

母親は子供の関心を社会環境、つまり、家族の中の他の子供たち、友人、親戚、仲間の人間全般へも向けさせなければならない。（中略）母親は子供に、信頼に値する人間と出逢うという最初の経験を与えなければならない。それからこの信頼と友情を、人間社会全体を含むところまで広げる準備をしなければならない。

重要語句

social environment　社会環境 ｜ relative　親戚
fellow　仲間 ｜ general　全般 ｜ prepare　準備する
extend　広げる ｜ include　含む

解説

5歳が第一の完成期と呼ばれるように、5歳ぐらいになると、表面的には、一人の人間としての固有性を示すようになります。

アドラーは5歳から6歳ぐらいでも初恋を経験する人がいると言っています。情意的には未分化な感情状態から、感覚・知覚的な刺激や欲求の充足が伴って、「恐れ」や「喜び」といった感情などが分離してきます。

さらに**6歳ぐらいになると、遊び友達との競争、共同、けんかなどの社会的経験を通して、成人並みの基本的情緒・感情を持つようになります。**

今までの**親子を中心とした生活から、遊び友達を中心とした生活へと移行していくのです。**そして、この移行期に生じる様々な問題が、感情・情緒的にも、子供の社会性の発達にも、多大な影響を及ぼします。

このような状況において、母親は子供の関心を家族関係から、社会環境、人間全般へも向けさせなければなりません。

　また母親は、移行期において、信頼に値する人間との最初の出逢いの機会を、子供に与えなければならないのです。そして、わが子が大人になっても、信頼と友情の関係を他者と築けるように、導いていかなければならないのです。

誕生から小学校入学までの時期を乳幼児期（infant and early childhood）と言います。

この時期に、離乳（weaning）、言語の獲得と使用、歩行の開始を経て、他者との関わり合いや外界認知の拡大が成し遂げられていくのです。母親はこうした成長段階を意識して、子育てをしていくといいでしょう。

14

「ありがとう」「助かるよ」「うれしい」
と感謝の言葉を言われると、
人は自分が役に立っていると感じ、
勇気づけられる

I give suggestions for a change of conduct in two stages. In the first stage my suggestion is 'Only do what is agreeable to you.' (中略)
'It is — to consider from time to time how you can give another person pleasure. It would very soon enable you to sleep and would chase away all your sad thoughts. You would feel yourself to be useful and worth while.'

私は次の二つの段階に分けて、行動を変えるための提案をすることにしている。第一段階での私の提案は、「あなたにとって、気持ちのいいことだけをしなさい」というものである。(中略)
(次に第二段階を提案して言う)「時々どうすれば他の人に喜びを与えることができるかよく考えてみることです。そうすれば、すぐに眠れるようになり、あなたの持っている悲しい考えを全て消し去ることができるでしょう。自分が人の役に立ち、自分に価値があると感じられるようになるでしょう」

重要語句

suggestion　提案 | agreeable　気持ちのいい
from time to time　時々 | chase away　消し去る
worth while　価値がある

解説

「どうすれば他の人に喜びを与えることができるかよく考えてみることです。……自分が人の役に立ち、自分に価値があると感じられるようになるでしょう」

この部分は、アドラー心理学の「他者貢献」です。

「他者貢献」とは、他人のために、見返りを期待せずに貢献することです。あるいは、自分の所属するグループのために、見返りを期待せずに貢献することです。自分の所属するグループに仲間意識を持って貢献することによって、共同体感覚が生まれ、孤独感から脱却することができるのです。

孤独とは、自分の居場所がなく、不安を感じ、周囲の者からの信頼感や仲間意識を得られない時に生じる感情です。

孤独感から抜け出したい時には、自分の所属するグループに貢献することを考えましょう。「自分が人の役に立ち、自分に価値があると感じられるようになるでしょう」とは、まさにこのことです。

自分の存在が周りの人々の役に立っているということは、周りの人たちと仲間意識、共通課題を持って一体になることです。この状態になれば、もはや孤独ではありません。

「ありがとう」「助かるよ」と感謝の言葉が出ると、これは、アドラーのいう「勇気づけ」になり、共同体感覚が生まれます。

孤独が我慢できない時には、居場所づくりから始めましょう。仕事の協力を通して他者と交われば、目的を共有することになり、孤独感から解放されるのです。

また、他の人が嫌がることや相手の気持ちを傷つけるような言動は、厳に慎むべきです。

人には誰にでも、触れられたくない心の傷があるものです。このような他の人の心の痛みや感情の機微を優しく包んであげるような気配りも、大切なことだと思います。

第3章

ありのままの自分を受け入れる

15

ハンディキャップを
プラスのエネルギーに変えて
克服した人々が、
文明を進歩させた

Among painters and poets, a great proportion are known to have suffered from imperfect vision. These imperfections were overcome by well-trained minds, and finally they could use their eyes to better purpose than others with perfect vision. The same kind of compensation can be seen, perhaps more easily, among left-handed children whose left-handedness has not been recognized.

画家や詩人たちに視力が十分でない人の占める割合が高いということが、一般的に知られている。視力の不完全さは、心をよく鍛えることによって克服され、ついには、完全な視力を持った他者よりも、目をより良い目的のために用いることができるようになるだろう。これと同じ種類の「補償」は、左利きであることを受け入れてもらえなかった、左利きの子供たちといった中に、もっと容易に見出すことができるだろう。

重要語句

suffer from　〜に苦しむ、悩む
imperfect vision　視力が十分でない ｜ imperfection　不完全さ
overcome　克服する ｜ purpose　目的
compensation　補償 ｜ left-handed　左利きの

解説

何らかのハンディキャップを持っている人は、そこから生じるマイナスを何かで「補償（＝プラスに変えて、向上）」しようとします。「不幸な経験」をどう意味づけるかによって、その後の生き方や行動が大きく変わってくるのです。

アドラー自身、幼少期において、「くる病」という身体的ハンディキャップを抱えていましたが、逆境を克服して、人類に多大な貢献をしました。

身体的なハンディキャップを、アドラーは**「器官劣等性」**と名付けました。「器官劣等性」は、ライフスタイルに大きな影響を与えますが、このハンディをバネにして自己成長し、多大な成功をおさめた偉大な人物がいます。

例えば、作曲家のベートーベンは耳が聞こえませんでした。

発明王のエジソンは、耳が不自由でした。彼は3か月通っただけで小学校を退学してしまい、その後いっさい学校に行っていません。**「学校に行かなかったこ**

と聴力が低下したことは、私の人生の宝物になった。ハンディキャップは私の宝物だ」と彼は言っています。

「光の画家」と呼ばれたモネは『睡蓮』の連作だけでも200点以上の作品を残しましたが、晩年は白内障を患い、失明寸前の状態になりました。しかしその後も抽象的な、たくさんの素晴らしい作品を残しました。

私の生涯の恩師である長谷川潔先生は、大学二年生の時、米軍の艦砲射撃により右眼を失明し、さらに左眼も失いかねない状況に追い込まれてしまいました。

終戦後も失意のどん底にあった先生のもとに、ある日、NHKの海外向け放送のアナウンサーが訪ねて来て、毎週、子供向けの英語の作品を読み聴かせてくれたそうです。このことを通して、彼は英語を聴く楽しみに目覚めたそうです。

先生はカリフォルニア大学などに留学後、お茶の水女子大学や横浜国立大学の教授を歴任し、NHK教育テレビ講師なども務められました。

ある日、先生は私に言われました。「小池君、私は右眼を失ったお蔭で、二人分の人生を生きることができたと思っている。日本語で考えている自分と英語で考えている自分がいる。何だか、得したみたいですね」

⑯

劣等感が強い人は、虚勢をはり、他人よりも自分の方が、優れているように振る舞う

Behind all types of superior behavior, we can suspect a feeling of inferiority which calls for very special efforts of concealment. It is as if a person feared that he was too short and walked on tiptoe to make himself seem larger. Sometimes we can see precisely this behavior when two children are comparing their height.

他の人よりも自分の方が優れているかのように振る舞う全ての人の行動の背後に、劣等感が存在するのではないかと疑ってしまう。劣等感があるから、自分の本来の感情を隠すために特別の努力が必要になるのである。それは、あたかも背が低い人が自分自身を実際の自分より大きく見せるために、つま先で歩くかのようである。時に私たちはまさにこの通りの行動を、二人の子供たちが背比べをしている時に見ることができる。

重要語句

superior　優れている ｜ behavior　行動
suspect　〜を疑う ｜ feeling of inferiority　劣等感
concealment　隠すこと ｜ walk on tiptoe　つま先で歩く
make himself seem larger　自分自身を実際よりも大きく見せる

解説

他人に対して必要以上に虚勢をはり、威圧的な態度を示す自己顕示欲の強い人がいます。実際には彼らは、劣等感が強いと考えられます。自分に自信がないので、必要以上に自分自身を大きく見せようとするのです。

今の自分より優れた自分でありたいと思うのは、人間の普遍的な欲求です。アドラーはこれを**「優越性の追求」**と呼びました。優越性の追求自体は、人間を向上させるエネルギーとしてプラスに作用することもありますが、賞賛を得ることが目的にすり替わったりすると、実際以上に虚栄をはって、威圧的な態度をとることがあります。

優越性を追求する過程において、自分が優れていることを、他人に対して必要以上にひけらかすような、「劣等感の裏返し」に陥ってしまうことがあります。このような見せかけの優越感に浸りたい精神状態を、アドラーは「優越コンプレクス」と呼びました。

例えば、「自分には、優秀な友人がたくさんいる」とか「親類に金持ちが多い」など、ことさら強調するのは、自分自身の学歴や貧困さに劣等感を抱いているからかもしれません。就職試験の面接の時に、緊張していることもあり、「私の先輩には○○氏（有名人）がいます」などと**余計なことを無意識のうちに話す人がいますが、これは劣等感の裏返しの「優越コンプレクス」の表れです。**

ある会社の面接で、一流国立大学の学生が、面接官に聞かれてもいないのに、「僕の大学の先輩には、○○さんや○○さんがいます」などと、延々と話し続けたという話を聞いたことがあります。劣等感の裏返しの「優越コンプレクス」を面接官に見抜かれて、彼は、第一次面接で即不合格になったそうです。

面接官の彼は、「たとえ学力優秀な一流国立大学の学生でも、この種の人間は組織の中では、他人と必ずトラブルを起こす。会社組織は人間関係が一番大切ですからね」と言いました。

自分を無理に着飾ることなく、自然体で勝負すれば良いのです。

⑰

強い劣等感を持った人が、謙虚で、控えめで、目立たない人に見えることはない

We cannot assume, therefore, that an individual with strong feelings of inferiority will appear to be a submissive, quiet, restrained, inoffensive sort of person.
Feelings of inferiority can express themselves in a thousand ways.
To a certain degree we all experience feelings of inferiority, since we all find ourselves in situations we wish we could improve.

強い劣等感を持った人が、従順で、静かで、控えめで、目立たない種類の人に見えることはない。

劣等感は、無数の仕方で表現される。

我々は皆、ある程度は、劣等感を持っている。それは、自分自身が向上したいと思う状況にいるからである。

重要語句

submissive　従順な ｜ restrained　控えめな
inoffensive　目立たない ｜ express themselves　表現される
to a certain degree　ある程度は ｜ improve　改善する

解説

好きな異性と話している時などに、相手に気に入られようとして、緊張のあまり「優越コンプレクス」を連発させてしまうことがあります。優越コンプレクスとは、やたらと自慢話をするなど、他人より優れていると誇示することによって自分の存在を認めさせようとする心理です。

優越コンプレクスを持つことで、一時的に偽りの優越感に浸ることができても、それは虚栄心に過ぎず、空しいものです。偽りの自分自身を作り上げ、目の前の課題から逃避しているに過ぎません。

この点で、「優越コンプレクス」は「劣等コンプレクス」と共通しているといえます。**アドラーは、「優越コンプレクス」は表れ方は異なるものの、劣等コンプレクスの一部であると捉えました。**

「劣等コンプレクス」とは、例えば「給料が安いから、顔が悪いから、背が低いから、学歴がないから」という理由で、恋愛や結婚から逃避することです。

アドラーが言うように、大切なのは、自分に「何が与えられたか」ではなく、自分に与えられたものを「どう使うか」です。

アドラー心理学の特徴として、「所有の心理学」ではなく、「使用の心理学」と言われることがあります。

才能、能力、身長、容姿は与えられたもの（所有）ですが、この自分に与えられたものをどう生かすか（使用）が大切ということです。

「優越コンプレクス」や「劣等コンプレクス」の根本的原因は、劣等感が強すぎるあまり、現実と向き合えない点にあります。

この状態を克服するには、**現実から目を逸らさず、あるがままの自分自身を受け入れること、すなわち自己受容が必要となります。**

自分を受け入れて、自分なりに努力すれば、いくらでも未来や運命を変えることができるのです。

⑱

劣等感を抱くこと自体は、
不健全なことではない。
劣等感をどう扱うかが
問題なのである

As feelings of inferiority always produce stress, there will always be a compensatory movement towards a feeling of superiority, but it will not be directed towards solving the problem. The movement towards superiority will thus be towards the useless side of life. The real problem will be shelved or put to one side.

劣等コンプレクスは常にストレスを創り出すので、常に優越コンプレクスへと向かう補償的な動きが出てくるだろう。しかし、それでは直接的に問題解決には向かわない。優越性への動きは、このように、人生にとって有用になることはないだろう。本来の問題は棚上げされるか、排除されるだろう。

重要語句

compensatory movement　補償的な動き
feeling of superiority　優越コンプレクス ｜ thus　このように
be shelved　棚上げされる ｜ put to one side　排除する

解説

アドラーは劣等感の意味を「劣等感」、「劣等コンプレクス」に分類しました。

「劣等感」とは、主観的に自分の一部を「劣等」と感じることです。アドラーが重視したのは、「劣等感とは、一般的に考えられているように、他者との比較で自分自身が劣っていると感じるものだけではなく、現実の自分自身と、理想とする目標としての自分とのギャップに対して抱いているマイナスの感情も含まれる」という点です。

つまり、**アドラーは、劣等感を自らの目標に向かって生き抜くための刺激として捉え、プラスのエネルギーになると考えました。劣等感が、個人を成長させ、文化を発展させるのです。**

しかし、理想の自分を追求する過程において、劣等感が異常に強くなり、その結果、「優越コンプレクス」を抱くこともあります。だから、**「優越コンプレクス」は「劣等コンプレクス」の一部**なのです。

「優越コンプレクス」のある人は、自分を実際よりも優れているように見せようとする特徴があります。学歴や肩書を誇示したり、高級ブランド品で身を包んだりします。

彼らには、他者よりも自分の方が優れて見えることが重要なので、**絶えず他者の評価を気にかけているのですが、実際には自分が思っているほど他者は期待していないものです。**

人は、他者と比較しないと自分のポジションを認識できません。他者よりも自分の方が、優位な立場に立ちたいと考えるので、「優越コンプレクス」、「劣等コンプレクス」などの感情が生まれるのです。

他の人と自分の比較をしていると、永遠に幸せにはなれません。だから、不幸な過去の自分の状態と、恵まれている今の状態の自分とを比較してみてください。「あの時はつらくて苦しかったけど、逆境を乗り越えたお蔭で、今はとても幸せだ」と心から幸せな気持ちになれるでしょう。

19

人は正しいことをして注目されないと、「負の注目」を集めようとする。自分の人生をみじめにするような努力はやめるべきだ

For example, discouraged children who find that they can best get their own way by tears will be a cry-baby. The cry-baby leads directly to the adult melancholic.（中略）
These people readily admit their weakness and their inability to look after themselves. What they would like to hide is their obsessive goal of supremacy, their desire to be first at all costs.

例えば、勇気をくじかれ、泣くことで、自分の思い通りのことができると思っている子供は、泣き虫になるだろう。泣き虫の子供はそのまま鬱病になるだろう。（中略）
これらの人々は、自分自身の弱さと自分では何もできないということをすぐに認める。彼らが隠したいのは、脅迫的な優越性の目標、つまり、何を犠牲にしてでも一番でありたいと思う欲求である。

重要語句

discouraged children　勇気をくじかれた子供
get one's own way　自分の思い通りにする
melancholic　鬱病 ｜ inability　無能
obsessive　脅迫的な ｜ supremacy　優越性
at all costs　何を犠牲にしても

解説

自分がいかに不幸な人生を歩んできたのかを話す「不幸自慢」をする人にも、**「劣等コンプレックス」の一部としての「優越コンプレックス」があると言えます。**

「大変だったでしょうね」と同情的な言葉を掛けても、「あなたのように幸せな人には、私の不幸なんてわからないでしょう」と拒否反応を示します。不幸自慢をする人は、自分を悲劇の主人公にして、無意識のうちに、自分が相手よりも優位な立場に立とうと考えているのです。

先程も触れたように**「劣等コンプレックス」とは、自分が劣った存在であることを示し課題から現実逃避することです。**アドラー心理学では、**劣等感を現実逃避のための「言い訳」に使うことを「劣等コンプレックス」と呼んでいます。**

つまり、「Aであるから、Bができない」「Aでないから、Bができない」という論理です。例えば、トラウマ（心的外傷）や神経症などを理由にして、「だから私にはできない。無理なのだ」と主張するのです。

日常生活の中でも、子供が、「おなかが痛いから、学校に行きたくない」と言うことがあります。

これをアドラーは「見せかけの因果律」と呼んでいます。そしてこのように、口実を持ち出して人生の課題から逃避することを「人生の嘘」と名付けました。

アドラーは、この「人生の嘘」を最も嫌っています。「人生の嘘」をついて、現実から逃避している限り、人は幸せになることもできないし、人間的に成長する機会を、永遠に逸してしまうと考えているのです。

⑳

我々は皆、
劣等感を持っている。
それは、自分が向上したいと
思うからである

We have said that feelings of inferiority are not in themselves abnormal. They are the cause of all improvements in the human condition.
Scientific progress, for example, is possible only when people are conscious of their ignorance and their need to prepare themselves for the future; it is the result of the strivings of human beings to improve their lot, to learn more about the universe and to be better able to deal with it.

劣等感は、それ自体では異常ではないと言われてきた。それは人類のあらゆる進歩のもとである。
例えば科学の進歩は、人間が無知であることと、将来のために備えることが必要であることを意識している時だけ可能である。それは、人間の運命を改善し、世界に関してもっと多くのことを知り、世界により良く対処しようとする努力の結果である。

重要語句

abnormal　異常　|　scientific progress　科学の進歩
be conscious of　～を意識する　|　ignorance　無知
striving　努力　|　deal with　～に対処する

解説

アドラーは劣等感を、理想とする自分の目標に向かって進むための刺激として捉えました。

自分自身が、理想の自分に向かって、少しでも近づきたい、自分自身が今の自分よりも向上したいと思う気持ちは、劣等感によって生み出されると考えました。

この劣等感を補おうとして、向上心が生まれ、人間は努力すると看破したのです。

人間は常に「優越性を追求しようとする」とアドラーは言いますが、その過程において人間は悩みます。

自分が思ったような結果が得られないのに、他者は素晴らしい結果を残し、社会的承認を得ているような場合、劣等感が異常に膨れ上がってしまい、苦しい状況に追い込まれてしまいます。

　このような状況に陥ってしまうと、自分自身の精神的な安定を求めるあまり、一時的に自分に嘘をつき、自分を実際以上に優れているように誇示する優越コンプレクスに陥ることがあるのです。

　また、特別な感情を抱いている異性の前では、つい自分を「実際以上に大きく見せようとする」傾向があります。

　しかし、自分を「実際以上に大きく見せようとする」ことは、現実の自分とは違う自分を演じなければならないので、とても疲れてしまいます。

　だから、見栄を張らずに、あるがままの自分でいれば、楽で、疲れないでいられるのです。

　自分のふるまいが、現実のモノではないことを、他者から見抜かれる不安に恐れおののかなくてもいいのです。

　他者はあなたが思っているほど、あなたの存在には頓着していません。どうでもいいのです。自分の顔を気にしているのは、あなただけであり、他人は、あなたが思っているほど、人のことには関心がありません。安心してください。

21

優越性を追求する人は、
周囲の人々に対しても、
勇気を与え、
他者の人生をも豊かにする

It is the striving for superiority that motivates every human being and is the source of every contribution we make to our culture.
The whole of human life proceeds along this great line of action —from below to above, from minus to plus, from defeat to victory.
The only individuals who can really meet and master the problems of life, however, are those who show in their striving a tendency to enrich everyone else.

すべての人を動機づけ、我々の文化に対して、我々が成してきたすべての貢献の源泉は、優越性の追求である。

人間の生活の全体は、この太い線に沿って、即ち、下から上へ、マイナスからプラスへ、敗北から勝利へと進行する。

しかし、真に人生の課題に直面し、それを克服できる人は、優越性の追求において、全ての他者の人生をも豊かにする傾向を示す人だけである。

重要語句

strive for　〜の追求 | superiority　優越性
motivate　動機づける | source　源泉
proceed　進行する | defeat　敗北 | victory　勝利
tendency　傾向 | enrich　〜を豊かにする

解説

アドラーは、他者と自分との比較だけで劣等感を抱くのではなく、現実の自分と自分の目標とのギャップに対して抱く感情も劣等感と考えました。

これは、決して悪いことではありません。劣等感は、目標に向かって努力をし、人生をより良くしようとしている結果、抱く感情なのです。劣等感をバネにして、飛躍すればいいのです。

この劣等感をプラスの方向に向けるか、マイナスの方向に向けるかは、自分次第です。劣等感に対処する際に、相手に対して、嫉妬心（マイナスの感情）を抱くだけでは、進歩、成長することはできません。

例えば、「勉強の方法を変えてみよう」とか「新しい企画を立ててみよう」とか、自分を高めるための目標を、新たに設定したほうが良いのです。

努力をしても挫折や失敗に終わることもありますが、そのたびに新たな目標を設定し、次の目標に向かって一歩一歩前進してください。必ず、道は開けてくるものです。結果よりも過程を重視してください。努力している自分自身を認めて、「よくここまで、がんばったね。えらいよ」と褒めてあげてください。

周りの人が何を言おうと、他者の評価などは気にしないで、自分の信じた道を進んでください。周りの人間の賞賛ばかりを気にして、失敗したら「人から後ろ指を指される」とか「笑われる、軽蔑される」などと考えていると、自分の人生ではなく、他人から評価されるための人生を歩むことになり、失敗した時、大きな落胆が生まれ、劣等感は必要以上に膨張してしまいます。

あくまでも自分の人生は自分が決めたものです。「優越性の追求」は、マイナスの方向に向けず向上心とすべきです。

目標に向かってひたすら努力している人を、羨ましいと思う人はいるかもしれませんが、心から軽蔑し、バカにする人などはいません。自分の理想とする課題や目標に向かって、ひたすらに優越性を追求する人は、自分の人生だけではなく、周囲の人々に対しても、勇気と感動を与え、その結果、彼らの人生も豊かにしてしまうのです。

22

嫉妬は有益なものにはなりえない。
嫉妬は強くて深い劣等感に
基づいているのである

We must demand that envy be useful. It must result in work, in a going on, and in a facing of problems. In such cases it is not useless. For that reason we should pardon the bit of envy which is found in all of us.
On the other hand jealousy is a much more difficult and dangerous mental attitude, because it cannot be made useful. There is no single way in which a jealous person can be useful.

羨望は、有益なものでなければならない。羨望を通して、結果的には我々が、仕事をし、前進し、問題に正面から堂々と立ち向かえるようにならなければならない。そのような場合であれば、羨望は、無益なものではない。それゆえ、われわれが皆持っている僅かな羨望は、大目に見るべきである。
他方、嫉妬は、これよりずっと厄介であり、危険な心的態度である。なぜならば、嫉妬は有益なものにはなりえないからである。嫉妬する人間が有用であるような道は決してない。

重要語句

envy　羨望　|　result in　結果的に〜に帰着する
going on　前進
facing of problems　問題に正面から堂々と立ち向かうこと
in such cases　そのような場合　|　jealousy　嫉妬
mental attitude　心的態度

解説

「羨望」と「嫉妬」は、一見似ているように思えますが、「羨望」は、その相手の人を目標として、自分もその人の良い点を吸収し、相手に一歩でも近づけるように努力しようという「前向きな、動機づけ」につながっていきます。いわば、明確な「自分の目標とする人物像」を持つことと言えるでしょう。

羨望の対象にされた相手も「自分が理想とされている」と思えば、悪い気はしません。お互いにプラスの向上心、信頼感を育むことができます。

アドラーも言っています。「羨望は、有用なものでなくてはならない。羨望によって、仕事をし、前進し、問題に立ち向かうようにならなければならない」と。

それに対して、**「嫉妬」は、後ろ向きで、ネガティブな感情で、「できれば相手**

を引きずり下ろしたい」というマイナス思考の暗い感情です。

他者の欠点を徹底的に追及し、自分の立場を相対的に優位にするためのものであり、向上心もなく、何も得られない感情です。人間の持っている感情の中で最も醜い感情の一つであると思います。

このような醜い感情は、劣等感と優越コンプレクスが歪曲《わいきょく》化したものであると考えられます。このような感情からは、プラスの向上心も自己成長も生まれません。激しい憎しみを伴い、人生の惨劇《さんげき》につながることもあるのです。

人間関係の中で最も大切なのは、他人の評価を気にせずに、好きなように、思いっきり、自分の人生を生きることだと思います。

そのためには、人から嫌われても、嫉妬されても、仕方がありません。私は自分の信条に従い、仲間を大切にして、学生を大切にして、本当に良かったと心から思っています。

第4章

叱ってはいけない、褒めてもいけない

23

甘やかされて育てられた子供は、自分が世界の中心で、自分の願望が法律になると思い込む

As adults, these spoilt children are perhaps the most dangerous group in our community.
Some of them may make great protestations of goodwill.（中略）
They feel that the meaning of life is to be first, to be recognized as the most important, to 'get everything I want'.

甘やかされた子供たちが大人になると、多分、我々の共同体の中で、最も危険な種類の人間になるだろう。
自分たちには善意があると明言する人もいるかもしれない。（中略）
彼らは人生の意味とは、自分が一番になること、自分が最も重要な人間であると他者から認められること、"自分が欲しいものは何でも手に入れること"であると感じている。

重要語句

adult 大人 | spoilt 甘やかされた | dangerous 危険な
community 共同体 | protestation 明言
goodwill 善意

解説

自分を世界の中心だと考えている人たちの多くは、幼児期に甘やかされて育てられた経験を持っています。

幼いころに、自分の欲しいものを何でも与えられて育った子供は、大人になってからも望みは何でも叶うと思い込んでいます。自分の望みが他者に受け入れられている時は機嫌がいいのですが、拒否された場合は、ヒステリーになり、攻撃的になることがあります。

これは、「エンペラー症候群」に似た症状で、ペットによく見られます。飼い主に溺愛された犬や猫は、自分が家族の中心であると勘違いして、傍若無人《ぼうじゃくぶじん》な行動をします。自分の思い通りにならないと、突然凶暴になり、飼い主に襲いかかることもあります。

現在の日本の社会においても、児童虐待や育児放棄、家庭内暴力（子供が親に対して暴力を加える）、また一方的に片思いをして、相手が自分の気持ちを受け入れてくれないとストーカーになるといったケースが見られ、最悪の場合殺害に至ることもあります。

幼少期に甘やかされて育った人は、人一倍強い**「承認欲求」**を持つ傾向があります。**誰でも他人に認められたいという「承認欲求」はありますが、強烈な「承認欲求」があると、様々な問題が生じてきます。**他者から褒められたり、チヤホヤされたりしないと、「なぜ自分は認めてもらえないのだ」と憤慨《ふんがい》したり、他者に対して攻撃的になる傾向があるのです。

そうならないためにも、子供が他人に迷惑をかけるようなことをした場合、親は感情的に怒るのではなく、理性的に注意しなければいけません。その時必ず、子供に対して、なぜ自分が注意されているのか、納得のゆく理由を説明するようにしましょう。

「他人に迷惑をかけたら、注意される」「嘘をついたら、注意される」「人の物を盗んだら、注意される」「弱い者いじめをしたら、注意される」……。

つまり、**「反社会的行為は注意され、罰せられる」という認識を持つように、子供の時から厳しく躾《しつ》けておくことが何よりも大切なのです。**

㉔ 子供は問題行動を繰り返すことで、親の愛や関心を引こうとする

A boy of twelve, who was brought to the clinic because of enuresis (bed - wetting) and continual conflicts with his mother, gave as his first memory: 'Mother thought I was lost, and ran into the street shouting for me, and was very frightened. All the time I was hiding in the cupboard in the house.'

夜尿症と、絶え間なく母親と衝突するという理由で診療所に連れてこられた12歳の少年の早期回想は次のようなものだった。
「母は僕がいなくなったと思って、僕の名前を呼びながら通りに飛び出して行った。母は不安に脅えていた。その間、ずっと僕は家の中にあった戸棚の中に、身を隠していた」

重要語句

enuresis　夜尿症 | conflict　衝突
frightened　不安に脅えた | hide　身を隠す
cupboard　戸棚

解説

人間の子供は、親の助けなしには生きていけません。このように弱い存在である人間の子供が親から見捨てられることは、死ぬことを意味します。そのため子供は、親から見放されることを極端に嫌い、親の愛を得るために必死になるのです。

例えば、ある子供は、親の言うことに逆らわず、何でも従うことによって、親の愛を得ようとします。

別の子供は、優等生となり、自慢の息子になることで、親に愛を求めようとします。

また、自分の弱さをアピールすることによって、親に愛を求める子もいます。

しかし優等生にもなれず、親の言うことすべてに従うこともできず、自分の弱さをアピールすることもできない子供は、問題行動を起こすことによって、親の関心を引こうとするのです。

例えば、問題行動の一つとして、「おねしょ」(夜尿症)があります。自分が親の愛情を独占していたのに、弟や妹が生まれた場合に、親の関心を自分の方に引きつけるために「おねしょ」をすることがあります。**親の愛や関心を引くために、子供は自分の戦略を試行錯誤してテストするのです。**

そして、成功した方法を大人になっても繰り返す傾向があります。例えば、「おねしょ」を繰り返すのではなく、「おねしょ」に代わって、借金をして親が肩代わりするパターンを何度も繰り返すようなことです。「おねしょ」をすれば、親が心配して、後始末をしてくれる。借金をしても、親が心配して、後始末をしてくれる。このパターンの繰り返しです。

このパターンはやがて固定化して、取り返しのつかないことになってしまうのです。

㉕

子供が一つの課題に自信を持てれば、彼らの好奇心を刺激して、他のことにも興味を持てるように仕向けることは難しくない

When children feel confident about one subject it is easier to stimulate their interest in others.
From the first, therefore, we should find out how children look at the world and which sense organ has been used most and trained to the highest degree. Some children are most interested in seeing, some in listening, some in moving.

子供が一つの課題に自信を持てれば、彼らの好奇心を刺激して、他のことにも興味を持てるように仕向けることは難しくない。

したがって、最初から、我々は子供が世界をどのように見て、どの感覚器官が最も頻繁に使われ、最高度まで訓練されてきているかを見出すべきである。

見ることに非常に関心のある子供もいれば、聞くこと、あるいは、動くことに関心を持つ子供もいる。

重要語句

feel confident　自信を持つ ｜ subject　課題
stimulate　～に刺激を与える ｜ sense organ　感覚器官
to the highest degree　最高度まで

解説

「子供が一つの課題に自信を持てれば、好奇心が刺激されて、他のことにも興味を持てるようになる」とアドラーは言っています。

私の身近で実際にあった一例を紹介しましょう。

ある小学校5年生の子供が、音楽の授業中、先生に「君は音程が正確だね。合奏でハーモニカを吹いてみないか」と言われました。彼は楽譜も全く読めませんでした。算数の掛け算もできなかったし、漢字も苦手でした。でも、この子は先生の一言に背中をおされ、その時を境に音楽だけでなく、理科、体育にも興味を持ち始めました。

その年の夏、小学5、6年生の中で、体格の良い生徒数名が選ばれて、中学校のプールで水泳の指導を受けるようにと言われました。彼も選ばれ、毎日水泳の練習をさせられました。

少年の運動能力は、この時を境に飛躍的に向上しました。それと同時に、音楽を通して、勉強のできる優等生と友達になり、水泳を通して、勉強はあまりできなかったものの、体力に自信のある友達ができました。

秋になって、合奏コンクールを終えて、誰もいない教室に帰ってみると、自分の机の中に苦手だった社会科と国語のテストが返されていました。その結果を見て驚きました。「劣等生の自分でも、苦手な科目で60点以上が取れるんだ！」と、少年は思いました。

冬、小学校卒業を控えた6年生の3学期の通信簿を見て驚きました。理科が「5」だったのです。小学校で初めて「5」をもらったのです！

あの時の感激は、今でも忘れられません。

実は、この劣等生は私のことなのです。

あの時、音楽の先生に褒められていなかったら、私は勉強への意欲をなくし、英語の素晴らしさにも気づいていなかったかもしれません。

必ずしもすべての物事が将来に直結するわけではないかもしれませんが、どんな些細なことであっても、私たちは子供たちに自信をつけるきっかけを与えてあげるべきなのではないでしょうか。

26

他人と比較してはいけない。
ほんのわずかでもいいから、
優れている部分を見つけ出し、
それに気付かせることが大切だ

Nor should the children themselves or their parents be told her IQ score. They do not know the purpose of the tests and they may think they represent a final judgement.
The greatest problem in education is posed, not by the limitations of children, but by what they think their limitations are. If children know that their IQ score is low, they may lose hope and believe that success is beyond them.

子供自身も親も、知能検査の結果を知らされるべきではない。子供も親も検査の目的を知らず、その結果が、最終的な判定を表していると考えるかもしれない。
教育におけるもっとも大きな問題は、子供の限界ではなく、子供が自分に限界があると考えることによって引き起こされる。もしも子供が自分の知能指数が低いことを知ってしまったら、絶望して、自分の能力は及ばず、自分は成功することができない、と考えるかもしれない。

重要語句

represent 表している ｜ final judgement 最終的な判定
limitation 限界 ｜ lose hope 絶望する
beyond （程度・能力）〜を越えて、〜が及ばない

解説

知的能力に関するハンディキャップを克服して、偉業を成し遂げた人物がいます。「放浪の天才画家」と呼ばれた山下清は、小学校に5年生までしか行っていません。山下清の知能指数（IQ）は70前後で、軽度の知的障害と判定されるレベルでしたが、多くの素晴らしい作品を残しました。

また、学生時代に劣等生、落第生のレッテルを貼られながら、後世に偉大な業績を残した人物も少なくありません。20世紀最大の天才といわれる偉大な理論物理学者アインシュタインは、少年時代、学校嫌いで劣等生でしたが、大学卒業後は、特許庁の役人となり、その地位に甘んじながらも、独学で研究を続けて、相対性理論を発表したのです。

物理学者のニュートン、生物学者のダーウィンなども学生時代に劣等生で、周囲から馬鹿にされることもありましたが、そんな周りの声をものともせず、自分の力を信じて偉業を成し遂げたのでした。

何度もお話ししたとおり、アドラーは「大切なのは何が与えられているのかではなく、与えられているものをどう使うかだ」と言っています。今の自分に価値があると信じて、ありのままの自分を受け入れることが大切なのです。

これは、実際にあった話です。私が中学1年生の秋、クラブの練習を終えて、薄暗い教室に戻った時のことでした。

私と友人の二人が、偶然、先生が教員用の机の上に置き忘れて行った黒表紙のノートの中を見てしまったことがありました。

その名簿の中に、赤い○印が付けられた箇所がありました。「85」と書かれていました。それは、私の名前のところでした。

最初は、テストの点数かと思いました。すると、一緒にいた友人が、「これは、知能指数だよ。4歳までに決まってしまうんだよ。お前は、もう、いくら勉強してもダメということだ。諦めろ、可愛そうに……」と言ったのを覚えています。その時の衝撃は大きく、私は生きる希望を全て失ってしまいました。

しかし、私は立ち直り、今に至っています。

㉗

遺伝や環境は人生の単なる
「材料」に過ぎない。
その材料を使って、
住みやすい家を建てるのは、
自分自身だ

Mozart's parents were interested in music, but Mozart's talent was not inherited. His parents wished him to be interested in music and provided him with every encouragement. His whole environment was musical from the earliest age. We generally find this fact of an 'early start' among outstanding people: they played the piano at the age of four, or they wrote stories for the other members of the family when they were still very young.

モーツァルトの両親は音楽に関心があったが、モーツァルトの才能は遺伝されたものではない。親は彼に音楽に関心を抱いて欲しいと思い、あらゆる勇気づけを与えた。彼は幼少期から音楽に囲まれていた。一般的に、この「早いスタート」は、傑出した人の中に見受けられる。4歳でピアノを弾いたり、幼少期に家族のために物語を書いたりするのだ。

重要語句

inherit　遺伝する ｜ provide　～を与える
encouragement　勇気づけ ｜ environment　環境
earliest age　幼少期 ｜ outstanding　傑出した

解説

「モーツァルトの両親は音楽に関心があったが、モーツァルトの才能は遺伝されたものではない。親は彼に音楽に関心を抱いて欲しいと思い、あらゆる勇気づけを与えた」とアドラーは言っています。この中で彼が特に強調したかったのは、「**親は彼に、あらゆる勇気づけを与えた**」という点だと思います。

親の愛を伴った「勇気づけ」ほど、子供にとって、動機になるものはありません。

子供は、親の助けなしには、生きていけません。だから、子供は親から見放されることを極端に嫌うのです。子供は、親の愛を得るために必死になるのです。モーツァルトの場合も同じことが言えます。親の勇気づけに対して、応えようとしたのです。モーツァルトにとって、音楽は、親の愛を得るための唯一の方法だったのだと思います。

私は、大学の授業で時々、学生に「君たちの中で、ピアノを習ったことのある人は、どれくらいいるのかな？」と聞くことがあります。すると、多くの学生が手を挙げます。学生たちの両親が、自分の子供にピアノを習わせたいと願い、自分の子供を勇気づけているのだなあと思うと、羨ましく思います。ここにいる学生たちは、親の勇気づけや、愛情に包まれて、育てられてきたのだなあ、としみじみ感動しています。

英語教育に関しても、大部分の学生が、早期教育を受けています。親の勇気づけも受けているのでしょう。このような環境の中で、大学生活を送れるなんて、今の学生たちは、幸せだと思います。

新入生たちと毎年、小豆島の離島でキャンプをするのですが、その中のゲームで、「世界中で大学教育を受けられる人は、100人中何人か？」という問題があります。

正解は「世界中で大学教育を受けられる人は、100人中1人」なのです。

親の深い愛情に包まれた「勇気づけ」を子供に与えれば、必ず、子供は親の期待に応えてくれると思います。少なくとも、私はそう信じて、これまで英語を教えてきました。

㉘

叱られたり、褒められたりして育った人は、叱られたり、褒められたりしないと行動しなくなる

Some children only work if they are praised and appreciated. Many pampered children do very well in their schoolwork so long as they can gain the attention of their teachers. If they lose this position of special consideration, trouble begins. They cannot function unless they have an audience.

他者から賞賛され、評価される時にだけ、勉強する子供がいる。多くの甘やかされた子供たちは、教師の注目を得られる限りは宿題をちゃんとやるが、特別に考慮してもらえるという立場を失えば、トラブルを起こす。彼らは、聴衆がいなければ何もできないのである。

重要語句

praise　賞賛する ｜ appreciate　評価する
pampered children　甘やかされた子供たち
consideration　考慮 ｜ function　機能する、能力を発揮する
audience　聴衆

解説

強い承認欲求を持つ人は、幼少期に甘やかされて育ったことに加えて、「賞罰教育」の影響もあると、私は思います。賞罰教育を受けて承認欲求を持つようになった子供は、他者から褒められないと（承認されないと）行動をしなくなってしまいます。

他者の目がなければ、困っている人を助けようとも、落ちているごみを拾おうともしません。

他者に注目されることを行動の目的と考える人は、他人から褒められたり、承認されたりしなければ、何もしなくなるのです。承認欲求や自己中心性から脱却するには、「他の人の目で見て、他の人の心で感じる」ように努めなければなりません。他人の立場に立たなければ、相手の言動を理解することができません。

そのうえで、他者は自分の欲求を満たすために生きているのではなく、自分もまた他者の期待に応えるために生きているわけではないことを、しっかりと認識

することが必要です。

嫌われるのを恐れて、他者の期待に応えようとする人、つまり、他者から承認されたいがために、不本意な行動をとってしまう人は、自分の人生ではなく、他者の人生を生きることになってしまいます。自分の人生を生きようとすれば、必然的に他者との摩擦が起こり、他者から嫌われることもありますが、「私には私の生き方がある。他人がどう思おうが、他人の目を気にせずに、前向きに自分のための人生を信じて生きていこう」と考えれば、他者からの承認など全く必要なくなります。他者からの承認に依存するような生き方をしなくて済むようになるのです。

「たった一度しかない、自分のための人生を自由に生きることが、何と素晴らしいことか！」

私は20歳の冬、人生のどん底の中で、このことに気づきました。以来、この生き方を貫いています。

㉙

「予期せぬ成功体験」を
自分がどう捉えるかによって、
人生の方向性が変わる。
その時人は、
初めて自分の才能に気づく

For several years I was the mathematical dunce of my class, quite convinced of my total lack of talent for mathematics. Fortunately I found myself one day, much to my astonishment, able to complete a problem that had stumped my teacher. The unexpected success changed my whole attitude towards mathematics.

私は数年間、数学のできない生徒だった。そして、自分には数学の才能が完全に欠如している、と確信していた。幸い、私はある日、驚いたことに、私の教師を悩ませていた問題を解けることがわかった。予期してはいなかった成功体験が、数学に対する私自身の態度全体に変化を及ぼした。

重要語句

dunce　劣等生 | be convinced of　～と確信している
total lack of talent　才能が完全に欠如していること
to one's astonishment　驚いたことに
complete a problem　問題を解く | stump　途方に暮れさせる
unexpected　予期せぬ

解説

数学のできない生徒だったアドラーは、ある日、予期せぬ成功体験をし、それ以来数学が最も得意になったと言います。アドラーのこの体験は真に迫っていますが、私にもこれに似たような体験があります。

紆余曲折を経て、国立大学を中退し、立教大学法学部の編入試験に合格、教職員が学生食堂で開いてくれた歓迎会でのこと。法学部の一人の教授が、「小池君は、英語ができるんだねえ。あの問題は僕が作ったんだけど、採点して驚いたよ。ずば抜けて最高点だったよ」と言ってくれたのです。今思えば、この言葉は私にとって、「予期せぬ成功体験」だったのかもしれません。

私は高校時代、英語に関しては、あまり自信がありませんでした。しかし、この**「予期せぬ成功体験」のおかげで、「英語大好き人間」になりました。**それ以来、法学部の専門科目以外にも、英文科の授業や英語の自由科目などを積極的に受講し、英字新聞を毎日読み、ラジオの英会話講座も毎日欠かさず聴きました。

そんなある日、私は偶然、ＮＨＫ教育テレビで英会話講師をしていた長谷川潔先生（お茶の水女子大教授）に出逢いました。その時に、先生から言われた一言が、今日に至るまでの私の人生に、多大な影響を与えてくれたのです。

「高校の教員になるためには教員免状が必要だけど、大学の教員なら必要ありません。私は経済学部を卒業したので英語の教員免状がないけど、大学で英語を教えています。小池君は法学部の学生だから、大学の英語教員になる方が近道じゃないかなあ。やればできると思います。頑張ってください！」

10年後、私は大学専任講師の職を得ることができました。その後、専任校の大東文化大学と兼任で、母校の立教大学でも13年間英語講師を務め、ＮＨＫ教育テレビ英語講師を務める機会も得ました。「予期せぬ成功体験」と、教授との素晴らしい出会いによって、英語の世界への扉が開かれ、今日に至っています。

「あの日、あの先生、あの人と会わなかったら、今の自分はない」という経験は、誰にでもあるのではないでしょうか。**その出会いや「予期せぬ成功体験」を自分がどう捉えるかによって、自分の才能を開花させ、人生の方向を変えることができるのです。**

30 子供たちの遊びを見ていると、彼らの興味の対象がどこにあるかがわかる

By watching children, we can often see them preparing themselves for a career in adult life.
Many children show great mechanical and technical interest, and this also promises a fruitful career in later life if they can achieve their ambitions. Children's games can give us an insight into their interests.

子供たちが遊ぶのを見れば、子供たちが大人になってからどんな職業に就こうとしているかがわかる。
多くの子供たちは機械や技術に大いに興味を示しており、野心を成就すれば、後の人生で実り豊かなキャリアも約束されていることになる。子供たちの遊びを見ていると、彼らの興味の対象がどこにあるかがわかる。

重要語句

career　職業 ｜ prepare oneself for　〜の心の準備をする
in later life　後の人生において ｜ achieve　〜を成就する
ambition　野望 ｜ insight　洞察

解説

子供は遊びを通して、創造性、社会性、運動能力、知的能力など、様々な能力を身に付けていきます。**アドラーは、「子供たちの遊びを見ていると、彼らの興味の対象がどこにあるかがわかる」と言っています。**

スイスの心理学者ピアジェは、生物学から心理学に転じ、知覚・学習・言語などの認知過程の発生に関する研究をしていました。彼は遊び自体が年齢と共に変化していくことに注目し、成長に合わせて次の3段階に分類しました。

第一段階は、「機能的遊び」で、2歳頃までの遊びです。目的もなく手足を動かすことがそのまま遊びになったもので、物を口に入れたり、投げたりする遊びを繰り返している段階です。

第二段階は、2歳〜7歳頃に現れる「象徴的遊び」です。ままごとなどの「ゴッコ遊び」は、イメージを通して遊ぶもので、基本的には、一人遊びです。

子供の「ゴッコ遊び」は、大人をモデルにして（模写的または同調的模倣）、行動様式を身に付けていくのです。

人はこうした模倣により社会的欲求・価値体系・行動様式などを学習していきます。

第三段階は、「ルール遊び」と呼ばれるもので、7歳以上の遊びとされています。

鬼ごっこやかくれんぼ等のルールに従った遊びで、複数人で遊ぶものです。簡単なスポーツもこれに含まれます。

このように、ルールのある遊びを通して、社会にルールがあることを子供は学習していくのです。

人は社会的存在ですが、社会的経験や社会的学習によって、社会人としての行動定型を習得していくので、「遊び」は子供にとっては極めて重要な人生の教材であると思います。

第5章

子供の教育・親の役割

31

母親は、自分の子供を
自分自身の一部とみなす。
子供を通して、母親は
人生の全体と結びついている

A mother often regards her children as a part of herself. Through her children she is connected with the whole of life. (中略)
Any mother, of course, may exaggerate her feeling that her children are a part of herself and press them into the service of her goal of personal superiority.

母親は、しばしば、自分の子供を自分自身の一部とみなす。自分の子供を通して、母親は人生の全体と結びついている。(中略)
もちろん、どんな母親も子供が自分の一部であるという感情を誇張し、子供を自分の個人的な優越性の目的に利用することがあるかもしれない。

重要語句

regard A as B　AをBとみなす
A is connected with B　AはBと結びついている
exaggerate　～を誇張する
personal superiority　個人的な優越性

解説

自己認知のできるようになった子供は、次第に自我意識が芽生えて、第一反抗期に突入します。このように**自我が芽生える第一反抗期は、大体2歳頃とされています。**

こうして自我意識が芽生え運動機能も発達すると、自分の自由になることが増えてきます。自分で何でもやりたい、強制されたくない、自分の能力を試したいと思うようになるのです。

この頃には、善悪の判断もつくようになりますが、同時に叱られないように、嘘もつくようになります。

このような状態が、大体4～5か月間続きます。この間は、どの家庭でも子育てに悩む時期です。

周囲の人たちは大変ですが、一人の人間が自立していくための自然な過程であり、子供が自立するための大切な時期でもあります。

母親は、自分の子供を自分自身の一部であるという考えを捨てなければいけません。第一反抗期は子供を、意思を持った別人格の存在として受け入れる大切な時期であると考えなければいけないと思います。

親の誤った子育ての姿勢は、将来子供が様々な問題を引き起こす原因になることがあります。

例えば、子供の世話を焼きすぎる「過保護型」の場合、子供は、生活習慣の発達の遅れ・引っ込み思案・臆病・神経質・集団生活不適応に陥りやすくなります。

子供を支配し、親の考えを押し付け、自分の個人的な優越性の目的達成のために子供を利用し、子供を自分に全面的に依存させるような「過支配型」の場合は、子供が攻撃的・反抗的な行動をとったり、逃避（家出・不良化・快楽追求）したり、自主性・創造性の欠如が見られたりすると考えられています。

32

父親は家庭の世話と保護に関して、妻と対等の立場で、協力しなければならない

The task of a father can be summed up in a few words. He must prove himself a good companion to his partner, to his children and in society. He must deal properly with the three problems of life — work, friendship and love — and he must co-operate on an equal footing with his partner in the care and protection of the family.

父親の課題は数語で要約することができる。父親は、自分が妻と子供に対し、社会的に優れた仲間であることを証明しなければならない。父親は人生の三つの課題―仕事、交友、そして愛―に対して適切に対処しなければならない。そして、父親は家庭の世話と保護に関して、妻と対等の立場で、協力しなければならない。

重要語句

summm up　～を要約する ｜ in a few words　数語で
prove　～を証明する ｜ deal with　～に対処する
properly　適切に ｜ on an equal footing with　～と同じ立場で
protection　保護

「父親は家庭の世話と保護に関して、妻と対等の立場で、協力しなければならない」とアドラーは考えていますが、この考え方が正しいということは、様々な調査結果からも明らかにされています。

夫婦の勢力関係と子供の性格や問題行動との関係については、多くの調査がなされてきました。夫婦の勢力関係は夫主導型、妻主導型、平等型、葛藤型（夫と妻の関係が悪い）に分類することができます。

なかでも、**妻主導型の家庭に問題があるという点は、多くの調査で一致しています。支配的で強い母親と、影の薄い弱い父親という組み合わせの場合です。**夫主導型の家庭や平等型に比べて、妻主導型の家庭では「父子関係がうまくいっていないケース」「母子関係がうまくいっていないケース」が、ともに多かったのです。

また、親子関係の不和だけでなく、登校拒否が最も発生しやすいのは、妻主導型の家庭であることが様々な事例で明らかにされています。

さらに、子供が重度の精神病を発症しやすいのは妻主導型の家庭で、比較的健康なのは夫主導型の家庭であるとされています。

このように、妻主導型の家庭で様々な問題が生じやすいという事実がありますが、逆に夫主導型の家庭が好ましいと単純に断定することもできません。

最も好ましい夫婦関係は、平等型であるということを示すデータも多く見られます。

最も好ましくないのは、葛藤型、つまり、夫と妻の関係が悪い場合です。夫婦がいがみ合って、険悪な状態にある場合、子供に良い影響を与えられるはずがないのです。

33

家庭に支配者は
存在すべきではない。
そして、不平等の感覚を
創り出すような機会は、
絶対に避けなければならない

Father should never make it appear that he does all the giving and the others all the receiving. In a good marriage the fact that he earns the money is only a result of the division of labor in the family. Many fathers use their economic position as a means of ruling the household. There should be no ruler in the family, and every occasion that might create feelings of inequality should be avoided.

父親は自分が何もかも与え、他の家族は受けるばかりであると見せることがあってはならない。よき結婚においては、父親が稼ぐという事実は家庭における分業の結果に過ぎない。多くの父親は、自分の経済的立場を、世帯を支配するための手段として使っている。家庭に支配者は存在すべきではない。そして、不平等の感覚を創り出すような、あらゆる機会は避けられるべきである。

重要語句

division of labor　分業 ｜ economic position　経済的立場
means　手段 ｜ rule the household　世帯を支配する
every occasion　あらゆる機会 ｜ create　創り出す
feeling of inequality　不平等の感覚、不公平感

解説

「多くの父親は、自分の経済的立場を、世帯を支配するための手段として使っている。特に、家庭に支配者は存在すべきではない」とアドラーは言っています。戦後から経済成長期の1970年代にかけては「俺が、家族を食わせているんだ。俺の言うことが聞けないなら、出ていけ!」というような、頑固親父が多かったように思います。

当時の父親の多くは、戦争経験者であったせいか、家庭内では絶対的な権力を握っていました。母親も、何かあれば「そんなことをしたら、お父さんに言いつけるからね」と、子供に言い聞かせることが多かったと記憶しています。

アドラーは「**父親が稼ぐのは、分業に過ぎない**」と言いますが、私が子供心に自分の父を偉いと感じたのは、母が父よりも仕事で遅く帰ってくるような日は、食器を洗ったりして、母を助けていたからです。このような両親の姿を見て育ちましたので、大学生になってからは、一日平均8時間は勉強することにしていました。

「大学に入ってからも勉強するなんて、お前はバカだ。大学は遊ぶためにあるんだよ」と周囲の人間に笑われ、悩んだこともありましたが、「私には私の生き方がある」と思い、勉強を続けました。

「両親は、一日平均8時間は働いている。私は両親より若いのに、周囲の学生と同じように自堕落な生活はできない。大学は時間つぶしをするところではない」と思いました。

心の中に両親の働く姿を思い浮かべて、大学の図書館が閉館になるまで、ほぼ毎日勉強しました。

今思えば、当時の私には、アドラーの言う「共同体感覚」があったような気がします。両親が私のために働いているのだから、私も一生懸命勉強して、両親を幸せにしたいという思いがあったからこそ頑張れたような気がします。

仲睦《むつ》まじく、協力し合う父母の後ろ姿が、私に「共同体感覚」を育ててくれたのでしょう。

34

多くの子供は、生涯を通して、
父親を自分の理想と見るか、
あるいは、最大の敵と見なす

The father's influence on his children is so important that many of them look on him, throughout their lives, either as their ideal or as their greatest enemy. Punishment, especially corporal punishment, is always harmful to children. Any teaching that cannot be given in a spirit of friendship is wrong teaching.

父親の子供への影響は非常に重要なので、子供の多くは、生涯を通して、父親を自分の理想と見るか、あるいは、最大の敵と見なす。

罰、とりわけ体罰は、子供にとって、常に有害である。

親愛の精神において、与えられなければ、いかなる教育も正しい教育とは言えない。

重要語句

influence　影響　｜ ideal　理想　｜ especially　とりわけ
corporal punishment　体罰　｜ harmful　有害な

解説

アドラーは、「体罰は、子供にとって、常に有害である」と言っています。精神的・肉体的に衝撃を受けることによって、心に深い傷を負い、この心の傷が持続的に続くとPTSDという精神疾患を引き起こします。これが、トラウマ（心的外傷）です。

体罰という行為に対しては、アドラーは大反対の立場をとっています。しかし、過去のマイナスの経験がトラウマになるか、発奮材料になるかは、その人の考え方、捉え方次第であると考えました。**アドラーは、客観的な事実よりも、事実に対する個人の主観的な受け止め方、認知を重視したのです。**

この認知が歪みすぎてしまうと、心が折れてしまいます。これがアドラーの重要ポイントの一つである**認知論**です。**アドラーは、「人間が客観的に人やものを捉えるのは不可能である」と考えました。人は誰でも、自分だけの色眼鏡で世界を見ているようなものだということです。**

例えば、「冬山登山は寒くて危険なのに、どうして人は、冬に山に登るのだろう。理解に苦しむ」と言う人もいれば、「あんなに素晴らしいものはない。冬山登山こそ、最高だ！　何度でも登りたい！」と言う人もいます。同じものでも、感じ方は、十人十色です。

知覚とは、あくまでもその人の主観によるものなのです。客観的な事実よりも、「その人が、出来事や人物をどう捉え、どう意味づけているか」ということこそが重要なのです。

挫折、失敗などのマイナスな経験をしても、すべての経験をプラス思考で受け止めて、「次はどうすればいいか」と前向きに考える習慣をつけると、次の失敗を防ぎ、新たな成功への道を踏み出すことができます。

人間関係の挫折や失敗、失恋、仕事のトラブルなどから受ける精神的な衝撃、ストレスは計り知れません。時には心が折れてしまいそうになることもあるでしょう。でも、その苦しみを糧にして、人間的に成長できるのです。

他人から傷つけられた経験のある人は、心の痛みを知っているので、他人の立場に立って考えることができるのではないでしょうか。

35

親は、えこひいきを子供に示してはならない。兄弟間で得意分野が異なるのには、それなりの理由がある

Parents should be experienced enough and skillful enough to avoid showing any such preferences. Otherwise the child who develops better will overshadow and discourage all the other children; they will become envious of him or her and doubtful of their own abilities, and their ability to co-operate will be frustrated.

親は、どんなえこひいきもしないだけの充分な経験を積み、人間的に習熟していなければならない。さもなければ、他の子供よりも優れた成長を遂げる子供は、他の全ての子供に影を落とし、彼らの勇気を挫くことになるだろう。他の子供は、自分よりも優れた成長を遂げる子供を妬み、自分自身の能力を疑い、協力する能力は阻まれるだろう。

重要語句

skillful　習熟している ｜ preference　えこひいき
overshadow　影を落とす ｜ discourage　〜の勇気を挫く
become envious of　〜を妬むようになる ｜ ability　能力
frustrate　〜を阻む

解説

「親は、えこひいきを子供に示すことを避けなければいけない。さもなければ、他の子供よりも優れた成長を遂げる子供は、他の全ての子供に影を落とし、彼らの勇気を挫《くじ》くことになるだろう」とアドラーは言っています。

二人の男の兄弟や二人の姉妹の関係において、親の「えこひいき」が原因で、生涯にわたって心に深い傷を残した例を、私は30年以上の大学生の悩み相談の中で聞いてきました。

私の研究室には、様々な悩みを抱えた学生たちが訪ねてきました。その中で最も多いのは、兄弟、姉妹間の悩みでした。

「TOEICテストのスコアを伸ばすにはどうしたらいいのでしょうか？　勉強の仕方を教えてください」といった質問であれば、明確な答えを返すことができますが、兄弟、姉妹間の親のえこひいきの問題に対して、限られた時間で適切な答えを返すことはできません。

ただ、一つだけ言えるとすれば、「親も人の子なので、複数の子供たちに対して、全く均等に愛を注ぐことはできないのではないだろうか。自分たちは子供に平等に接しているつもりでも、どこかで、不本意ながら子供の心を傷つけてしまうこともあるのではないか」ということです。

しかし、そのような場合であっても、**親は自分の子供に対して、えこひいきの態度を絶対に示してはならないし、気づかれてもいけません。これほど子供の心を傷つけることはないと思います。**

兄弟や姉妹間のえこひいきは、絶対にしてはいけません。特に、弟の方が兄よりも学校の成績が良い場合、兄に対して、「弟を見習え。弟に負けて恥ずかしいだろう」などと弟の前で言うと、兄は弟に劣等感を持ってしまい、心の拠り所を完全に失ってしまいます。

このような育て方をすると、弟は兄を心底バカにして成長します。

しかし、先輩、後輩のルールは不文律ながら社会的に存在します。兄は弟を守り、弟は兄を敬うように躾けることが、人間関係の基本を教える上で極めて重要なことだと思います。

36

親の業績に匹敵することはできないと感じると、子供は勇気を挫かれ、人生への関心を失う

Often, if the father is very successful or very talented, the children feel that they can never equal his achievements. They grow discouraged: their interest in life is diminished. This is way the children of famous men and women are sometimes a disappointment to their parents and to the rest of society.

父親が非常に成功したか、あるいは才能に恵まれているような人物であれば、子供たちは、しばしば、父親の業績に匹敵することはできないと感じる。子供たちは勇気を挫かれ、人生への関心は減少する。このようにして、有名な男性、女性の子供たちは、時に親や社会の人々を失望させるのだ。

重要語句

talented　才能に恵まれている ｜ achievement　業績
diminish　減少する ｜ disappointment　失望
possibility　可能性

解説

「親の業績に匹敵することはできないと感じると、子供は勇気を挫かれ、人生への関心を失う」とアドラーは言っていますが、このような例が私の周囲には数多く見受けられます。

私は職業上、自分と同じ世界の人間、つまり大学教授から、「子育ての失敗談」に関して様々な話を聞く機会があります。

その中で特に共通しているのは、**英語教授の多くが、自分の子供を英語と日本語のバイリンガル、つまり、英語をネイティブスピーカーのように話せるようにしようとして、ことごとく失敗している**ということです。

日本では誰でも知っている、私も尊敬している高名な教授が、自分の子供を英語と日本語のバイリンガルに教育しようとしたお話を聞いたことがあります。

先生は、自分の息子さんに少年時代から徹底的に英語の特訓をして、中学・高校時代にイギリスに留学させ、帰国後、日本の高校でも英語教育を徹底させ、さらに、日本の大学在学中はアメリカの大学に留学させたそうです。これはまさに『巨人の星』の英語教育版で星飛雄馬が父親の星一徹から、毎日1000本ノックの猛特訓を受けているようなものでした。厳しいものではありましたが、同時に、先生が息子さんに注ぐ愛情が全面に溢れ出ていて、私はお話に胸を打たれました。

しかしその教育の結果、英語に関しては問題なかったのですが、イギリスの文化に英語を通して溶け込み、友人もできたと思ったら、今度は日本で大学受験中心の高校生活。日本でやっと友人もできて、日本の社会にも馴染み始めたかと思った矢先、今度はアメリカの大学に留学し、アメリカの文化に馴染まなければならなくなりました。

彼は**イギリス、アメリカ、日本の文化の中で自分のアイデンティティが不確かなものになり、苦悩の末、英語とは別の世界に進まれたとの話でした。**

「今だから言えるけどね、父さん、僕はつらかったよ」と息子さんに言われたそうです。

37

もしも子供が
親の業績をしのぎたいと望めば、
親の経験は、子供に
優れた出発点を提供するだろう

If children wish to surpass the achievements of their father in their own occupation, their father's experience can provide them with an excellent start.
Often children born into a family where the father was a policeman have the ambition to be lawyers or judges.
If the father is employed in a hospital, the children want to be doctors or surgeons.
If the father is a teacher, the children want to be university lecturers.

もしも子供が自分自身の職業に関して、父親の業績をしのぎたいと望めば、父親の経験は、子供に優れた出発点を提供するだろう。

父親が警察官だった家庭に生まれた子供は、しばしば、弁護士や裁判官になりたいという野心を抱く。

父親が病院で働いていたら、子供は、医師や外科医になりたいと思う。

父親が教師であれば、子供は大学教授になりたいと思うだろう。

重要語句

surpass　～より勝る、しのぐ ｜ achievement　業績
occupation　職業 ｜ provide　提供する
ambition　野心 ｜ surgeon　外科医

解説

「もしも子供が親の業績をしのぎたいと望めば、親の経験は、子供に優れた出発点を提供するだろう」とアドラーは言っています。

この言葉について考えると、私が立教大学法学部在学中に大変お世話になった、ゼミの指導教官のことが脳裏をかすめます。

先生は刑事訴訟法の第一人者で、長年にわたって、司法試験委員も務められました。さらに、人間的にも素晴らしい先生でした。

残念ながら、もうこの世にはいらっしゃいませんが、私の人生に多大なる影響を与えてくださった恩師です。

先生には二人の娘さんがいらっしゃいますが、お二人とも先生の母校である東京大学に進まれて、一人は大学教授、もう一人は検事になられました。多分、先生の影響があったようにも思えます。

ある日、先生が「小池君は、将来どうするの？」と聞かれたので、「僕は英米法を専攻して、大学教授になりたいと考えています」と答えました。

すると先生は、「日本の大学では、英米法の専任教員は需要が少ないよ。でも君は英語ができるんだから、英語の教授になったらいいよ。大学の世界も需要と供給だよ。英語は必修科目（当時）だし、少人数で教えなければならない。東大の英米法の教授は1人だけど、英語の専任教官は70人くらい必要だよ。今からでも遅くないから、もし大学教授になるつもりなら、英米法はやめといた方がいいと思うな。英語だけの方が向いていると思うよ」と優しく、微笑みながら、おっしゃいました。

あの時の先生の一言が、今日に至るまでの私の人生に多大な影響を与えたことは言うまでもありません。

先生は刑事訴訟法という学問の世界のみならず、人生の洞察力に優れていて、他の学生に対しても多大な影響を及ぼされました。

先生の二人の娘さんに対しても、父親としての先生は、アドラーのいう「優れた出発点」を提供されたのではないかと思います。

第6章

恋愛・思春期

38

思春期の行動の大部分は、自立、大人と対等、男性、あるいは女性になったことを示したいという願望の結果である

For almost all young people, adolescence means one thing above all else: they must prove that they are no longer children.（中略）
If they feel they must prove their maturity, they will inevitably overstress this point.
Much of adolescent behavior is the outcome of a desire to show independence, equality with adults, and the attainment of manhood or womanhood.

思春期とは、ほとんど全ての若者にとって、何にもまして、ある重要な意味を持つ。それは彼らが、自分がもはや子供ではないことを証明せずにはいられないことである。（中略）
彼らは、自分が人間的に成熟したことを社会的に証明しなければならないと感じるようになると、必然的にこの点を、過度に強調するようになる。
思春期の行動の大部分は、自立、大人と対等、男性、あるいは女性になったことを示したいという願望の結果である。

重要語句

adolescence　思春期 ｜ above all else　何にもまして
prove　証明する ｜ maturity　成熟 ｜ inevitably　必然的に
overstress　過度に強調する ｜ outcome　結果
attainment　到達、達成

解説

「思春期の行動の大部分は、自立、大人と対等、男性、あるいは女性になったことを示したいという願望の結果である」とアドラーは言っています。

心理学では、**思春期（puberty）とは、児童期から青年期へ移行する過渡《かと》的な時期を意味し、11歳〜13歳頃の青年前期がこれに当たります**。なぜならば、小学校高学年から中学1年生にかけて身体的に急激な変化が訪れ、心理的にも大きな影響を与えるからです。

一般に児童期に比べると、自己の内面を見つめ、思索的、内省的な傾向が強くなり、親から、特に母親からの**心理的離乳（psychological weaning）**が始まります。このように自立の時期に入りますが、まだ完全には自立できない状態にあります。そうして依存と自立の欲求が同時に起こり、その葛藤が原因で不安定な情緒を示すことが時々見られます。これが、**第二反抗期**です。

この時期には、自我の覚醒や自己意識の高まりが原因で、親や教師、周囲の大人、社会的な権威一般に対して反抗的、攻撃的となり、怒りや苛立ちの感情を抱く傾向があります。

性的成熟とそれに伴う体験は、満足感、自信、充実感のようなプラスの感情を伴う場合と、罪悪感、羞恥心、不安というマイナスの感情を伴う場合があります。

このマイナスの感情を抱くような場合は、「性の悩み」として青年を苦しめ、性的嫌悪感を引き起こし、不適応行動の原因にもなります。その結果、拒食症のような摂食障害に陥ることも少なくありません。

中学進学前後から身体は急速に大人に近づいていくのですが、心は不安定の状態なのが思春期の特徴なのです。

思春期の恋は、精神的に人間を成長させるばかりではありません。相手の優れている点を自分の心の中に取り入れることによって、知的な能力や芸術的な能力が急激に伸びることがあります。例えば、自分の好意を寄せている人が英語が得意な人であれば、彼女の影響を受けて英語が得意になることがあります。

恋が消えていったとしても、その時に心から情熱を傾けて身に付けた知識や能力と美しい思い出は、永遠に生き続けることでしょう。

39

ダンスは、二人の人間が共同作業に参加する遊びであるが、恋愛、結婚、人生にも通じるものである

I believe that we should not undervalue dancing. Dancing is a pastime in which two people take part in a shared activity, and I think it is good for children to be trained in dancing. I do not mean the dancing we have today, which is more of a performance than of a shared activity. If, however, we had simple and easy dances for children, it would greatly help their development.

ダンスを過小評価すべきではないと思う。ダンスは、二人の人間が共同作業に参加する遊びである。子供がダンスの訓練を受けることは、良いことだと思う。私が言いたいのは、現代のパフォーマンス重視のものではなく、共同作業としてのダンスである。しかし、もし子供たちのためのシンプルで簡単なダンスがあれば、そのようなダンスは子供たちの成長に大いに役立つだろう。

重要語句

undervalue　過小評価する ｜ pastime　娯楽、気晴らし、遊戯
take part in　〜に参加する ｜ shared activity　共同作業
development　成長

解説

アドラーは、子供たちの精神的な成長、二人で力を合わせて一つの共同作業を成し遂げる歓びや共同体感覚を育てる一環として、ダンスを踊ることを推奨しています。さらに、これは子供の世界に限られたことではなく、大人になって恋をし、結婚生活を送る時にも必要なことであると言っています。

恋愛と結婚は、二人で踊るダンスのようなもの。音楽に合わせて、二人の呼吸や動作が合わないと、上手に踊れません。二人の呼吸が合えば、時が過ぎるのも忘れて永遠に踊りたくなります。目の前のパートナーと**「永遠の中の今という、この時間、二度と戻ってこない瞬間を二人で踊る」のが、恋愛の基本**ではないでしょうか。

たとえ恋に終わりがあっても、心から相手の気持ちを思いやりながら、二人で過ごした美しい時は、永遠に心に残ります。

人生において、挫折、失敗に遭遇した時も、心の傷を癒してくれるのが、二人で助け合いながら過ごした美しき時間、美しき日々なのです。

「自分が心から相手の幸せを願い、真剣に恋をすることができたか、二人が協力し合って、どれだけ真剣に人生を生きたか」が、人間として最も大切なことであり、これこそ生きる歓び、人生の意味なのではないでしょうか。

これまでの人生を振り返ってみると、私の人生は、劣等生だった小学生の時から今日に至るまで、恋をしない日は一日もありませんでした。こんなにも人を愛することのできる自分は、心から幸せだと思っています。

多くの困難を乗り越えることができたのも、心の底に恋があり、私を支えてくれる人がいたからだと思っています。

私は、この世で、恋ほど人間を強くし、成長させ、才能を開花させるものはないと思っています。

40

何気ない恋人の一言で、
千年の恋も、
一瞬にして冷めることがある

A young man was dancing at a ball with a pretty young girl whom he was engaged to marry. He happened to drop his glasses, and to the utter amazement of the spectators, he almost knocked the young lady down in order to pick them up. When a friend asked him, 'What were you doing?' he replied, 'I could not let her break my glasses.' We can see that this young man was not prepared for marriage. And indeed the girl did not marry him.

ある若い男性が、美しい若い女性と舞踏会でダンスを踊っていた。彼女は彼の婚約者だった。たまたま彼は眼鏡を落としてしまった。見ていた人が非常に驚いたことに、彼は眼鏡を拾い上げるために、もう少しで彼女を突き倒すところだった。友達が彼に「どうしたんだ？」と尋ねると、彼は「彼女に眼鏡を割られたくなかったんだ」と答えた。この若者には結婚するにあたっての心の準備がなされていないのがわかるだろう。実際、彼女は彼とは結婚しなかった。

重要語句

at a ball　舞踏会で ｜ happen to　たまたま
to the utter amazement　非常に驚いたことに
spectator　見ている人 ｜ knock down　突き倒す
pick up　拾い上げる

解説

何気ない恋人の一言や眼差しで、千年の恋も一瞬にして冷めることがあります。これは偶然のことではなく、恋を終わらせる準備が心の中に芽生え始めている時に起きる自然な変化です。**ほんのささいな出来事が、長年二人で育んできた恋を一瞬で壊してしまうことがあります。**

例えば、ビートルズの「イエスタデイ」の歌詞の中にもそれとよく似た個所があります。

「恋人が、ある日突然、理由も告げずに自分の元から去って行ってしまい、その理由を聞いても彼女は話してくれなかった。僕は何か彼女の心を傷つけるようなことを言ってしまったのだろうか」という内容のストーリーではないかと私は個人的には捉えていますが、皆さんはいかがでしょうか。

この歌詞には、誰もが一度は経験するような普遍性が秘められているからこそ、時代を超えて、世界中の多くの人々に感動を与え続けているのではないでしょうか。

一瞬のうちに恋が消えてしまったことに対して、男性が女性に、その理由を尋ねても彼女は何も答えない。つまり、恋の終わりには理由がないのです。

私は長年、学生たちの恋愛相談を受けてきましたが、その経験を通して言えるのは、女性の方から別れ話を切り出し、恋に終止符を打たれてしまったら、男性は潔く身を引くべきだということです。

なぜならば、この恋愛関係は、修復不可能だからです。女性は、一度捨ててしまった恋に全く未練を残しません。

恋愛は一種の薬物中毒に似ています。恋に落ちると、脳内のドーパミンが分泌して、陶酔状態に陥ります。しかし、時間と共に脳は、通常の状態に戻るのです。

恋が冷めた状態になっても、お互いの人間性を認め合い、時間を共に過ごしたいと思い、お互いに**共感**、**共同体意識**を抱いて、協力しあうことに歓びを見出すことができれば、次の段階である結婚へと進めば良いのです。

41

愛のトレーニングは、早くから準備しなくてはならない、人生の教育における最も大切な課題である

This patient had many men friends, but was never in love. It is usual for boys and girls to fall in love about twelve or thirteen, and not uncommon when they are five or six. An individual who reaches the age of twenty-three without any such experience is not prepared for it. Love is a necessary life-task for which an early preparation is needed, and training for love is an integral part of one's education for life.

この患者にはたくさんのボーイフレンドがいたが、恋をしたことは一度もなかった。12歳か13歳頃に少年、少女が恋をするのは普通のことだが、５歳や６歳の時に恋をするのも、珍しいことではない。しかし、23歳になってこのような経験をしたことのない人は、愛に対して準備ができていないのである。愛は、早くから準備しなくてはならない、人生に必要不可欠な課題である。愛のトレーニングは、人生の教育における必須の部分である。

重要語句

patient　患者　|　in love　恋をする
uncommon　普通のことではない　|　life-task　人生の課題
integral　必要不可欠な　|　integral parts　構成部分

解説

「人を愛することは、技術であり、早期トレーニングが必要である。人を愛することは、人生における最も大切な課題である。人には、本来、愛情本能というものはない。だから、人を愛せるようになるためのトレーニングが必要なのだ」とアドラーは言っています。

現代社会において、結婚できないどころか、恋愛すらできない人が増えています。**その原因の多くは、自分が恋愛をすることによって傷つくことを極端に恐れて、現実の恋愛関係からリスク回避する心理が働いていることと推測されます。**

いわゆる「草食系男子」は、失恋のダメージを回避するために、自ら進んで女性をデートに誘って、自分の気持ちを告白することもしません。自信がないので、女性からの誘いを待っていて、自分からアプローチするようなことを嫌う傾向があります。

一方、最近話題になっている「こじらせ女子」というタイプの女性も多く見られます。こじらせているのは、いわゆる「女子力」です。客観的に見れば、さほど問題がないと思われますが、自分で勝手にハードルを上げていくので自分自身の「女子力」に自信が持てず、その結果恋愛に対しても消極的になっているのです。

また、アニメの美少女キャラに疑似恋愛の感情を抱く「アニメオタク（アニオタ）」のような人もいます。

アドラーは、「23歳になって恋愛経験をしたことのない人は、愛に対して準備ができていないのである」と言っていますが、私は、恋をすることによって、人間は成長していくものと考えています。自分が傷つくことを恐れて人を愛せない人間には、人を愛せるようになるためのトレーニングが必要だと思います。

42

二人を同時に愛そうとすることは、実際には、どちらの恋人も愛していないということである

Some people are incapable of falling in love with only one person; they must fall in love with two at the same time.
They thus feel free: they can escape from one to the other, and never shoulder the full responsibilities of love.
Both, in effect, means neither.

一人だけを愛するということができない人がいる。彼らは同時に二人と恋に落ちてしまうのだ。

このようにして、彼らは、自分が自由だと感じるのである。彼らは、恋人から逃げてしまうかもしれないが、決して、すべての愛の責任を引き受けることはないだろう。

二人を同時に愛そうとすることは、実際には、どちらの恋人も愛していないということである。

重要語句

be incapable of　～することができない
at the same time　同時に ｜ thus　このようにして
shoulder　背負う ｜ full responsibilities　すべての責任
in effect　実際には、事実上

解説

恋人同士が別れる決定的な要因が「浮気」です。人が浮気をする原因には、**生物学的な観点から、遺伝子を残す戦略が関係している**とする説があります。男性は、自分の遺伝子を残すために、不特定多数の女性とセックスをしたがり、一方、女性の場合は、不特定多数の男性とセックスをしたからといって自分の遺伝子を増やせるわけではないので、できるだけ優秀な相手を選ぼうとするのです。

つまり、この説によれば女性が浮気をするのは、パートナーより優れた遺伝子を手に入れることのできる可能性のある場合になります。

こうした説以外にも、個々の浮気に関しては様々な理由が考えられます。例えば、マンネリ化して楽しめない、自分のことを大切に扱ってくれない、浮気相手の方が自分に対して優しかったなどです。こうした理由の多くが、「不足原則」と「自己拡大」に関連していると言えるでしょう。

「不足原則」とは、二人の関係で満たされないものを、浮気相手に求める傾向で

す。例えば、パートナーが自分に対して優しくない、セックスが合わなくなった、日常生活がマンネリ化して新鮮味がなくなった、などです。

「自己拡大」とは、浮気相手が、自分の知らなかった、これまで気づかなかった自分の側面を評価してくれたり、通常では味わうことのできない新鮮な体験をさせてくれたりすることです。これまで知らなかった体験をすることによって、自分の世界が新たに拡大されたような気持ちになるのです。

また、男女では、浮気の受け止め方は異なります。**女性は男性の精神的な浮気を嫌い、男性は女性の肉体的な浮気を嫌います。**

したがって、たとえ浮気がバレたとしても、男性の場合は本気でなければ、女性の場合は肉体関係がなければ、相手が許してくれる可能性があります。

浮気の対策としては、自分の欠点や短所を修復する一方で、相手の長所に目を向けて、新鮮な体験をさせるよう心掛けることが大切です。

43

現実の恋人は、
理想には届かないので、
ロマンチックで理想的な、
あるいは、叶わぬ愛を
創り出す人もいる

There are other people who invent a romantic, ideal or unattainable love; they can thus luxuriate in their feelings without the necessity of approaching a partner in reality. A romantic ideal can effectively exclude all candidates, since no real-life lovers can possibly live up to it.

ロマンチックで理想的な、あるいは、叶わぬ愛を創り出す人もいる。彼らはこのようにして、現実にはパートナーに近づかなくても恋する気持ちを楽しむことができる。ロマンチックな理想は、効果的にすべての候補者を排除する。現実の恋人は、どうしても理想には届かないからである。

重要語句

invent　～を創り出す ｜ unattainable love　叶わぬ愛
luxuriate　堪能する ｜ in reality　現実には
effectively　事実上、実際上 ｜ exclude　～を排除する
candidate　候補者 ｜ real-life lover　現実の恋人
live up to　〈理想を〉実現する

解説

「現実の恋人は、理想には届かないので、ロマンチックで理想的な、叶わぬ愛を創り出す人もいる」とアドラーは言っています。

これは、古今東西、共通するものだと思います。「ロマンチックで理想的な、叶わぬ愛」をテーマとした、優れた文学作品、音楽、美術などの芸術も数多く生み出されました。

「叶わぬ愛」の一つとして考えられるのは、「不倫」です。周囲に反対されればされるほど、燃え上がる不倫カップルもいます。この心理的メカニズムを考えてみると、**「心理的リアクタンス（反発心）」**の存在が考えられます。

「心理的リアクタンス」とは、禁止されるとやりたくなり、やれと言われるとやりたくなくなる人間の心理です。

不倫もこのような、「心理的リアクタンス」による**「カリギュラ効果」**が働いているので、なかなかやめられないのです。

以前、アメリカで『カリギュラ』という映画が公開されましたが、残虐シーンや性的なシーンが多かったことから、ボストンでは上映禁止となりました。すると、この「心理的リアクタンス」に火がついて、近隣の町の映画館にボストン市民が押し掛けたそうです。このことから、心理学ではこの心理的現象を「カリギュラ効果」と呼んでいます。

人には、**自分がやろうと思えばやれるという「自己効力感」**があり、禁止されると、これが低減してしまいます。つまり、**不倫が禁止されるほど、低減した自己効力感を回復しようと、不倫に走るのです。これこそが「心理的リアクタンス」が働く原因です。**

第7章

結婚

44

夫は妻にとっての
仲間でなくてはならない。
そして、妻を喜ばせることを
自分の喜びにしなくてはならない

Let us now deal with the solution of the problem of love — with marriage and the building of a happy and useful family life. (中略)
He must also be a companion to his wife, and he must take pleasure in pleasing her. It is only when both partners place their joint welfare higher than their individual welfare that true co-operation can take place.

愛の問題をどのようにして解決すべきか、つまり、結婚と幸福で有用な家庭生活をいかにして構築すべきかについて考えてみよう。(中略)
夫は妻にとって、仲間でなくてはならない。そして、妻を喜ばせることを自分の喜びにしなくてはならない。二人のパートナーが、自分たちの共同の幸福を自分だけの幸福よりも高く位置づける時にこそ、真の協調性が生まれるのである。

重要語句

let's deal with　〜について考えてみよう ｜ solution　解決
building　構築 ｜ companion　仲間
take pleasure in　〜を喜びにする
take place　生じる、起きる

解説

結婚とは、全く異なった環境で生きてきた二人の男女が、生活を共にし、家庭を維持していくことです。これまで育てられてきた家庭環境も、社会環境も全く異なり、人生観も価値観もライフスタイルも異なる二人の人間の共同生活には、強固な共感と共同体意識が必要不可欠であることは言うまでもないことです。**二人は強い絆で結ばれ、人生の苦楽を共にしながら、数十年の歳月を共に生きる「戦友」、「運命共同体」です。**

私も、結婚35年目を迎えました。つまり、自分の生涯の半分以上の歳月を妻と二人で過ごしてきました。今思えば、**結婚生活とは、ガラスで造られた一隻の船のようなものだと思います。**

ガラス細工の船は、一度ヒビが入ってしまったら、修復不可能、元の状態には戻りません。

30年以上結婚生活を続けていると、「夫は妻にとって仲間でなくてはならない。そして、妻を喜ばせることが自分の喜びにならなくてはならない。二人のパートナーが、自分たちの共同の幸福を自分だけの幸福よりも高く位置づける時にこそ、真の協調性が生まれるのである」というアドラーの言葉が、まさに結婚生活の極意であることを実感します。

親子の絆、兄弟の絆よりも強いけれど、しかし壊れやすいのが、夫婦の絆だと思います。

ショパンのノクターンを主題曲にした、ある実在した天才ピアニストの生涯を描いたアメリカ映画『愛情物語』の一場面、死に直面した主人公のピアニストが、亡き妻について語る台詞があります。

「私達は親友で、恋人で、無邪気な子供だった。子供でいられるのは、たった一度だ。……青春の恋も一度。親になる喜びも、親が老いる悲しみも一度きりだ。昔は、そのことに、気づかなかった」

この言葉の中の「**私達は親友で、恋人で、無邪気な子供だった**」という部分に**理想的な夫婦愛を感じました。**

45

結婚は二人の課題である。
もしも二人の間に
信頼関係がなければ、
何も成し遂げられないだろう

In a certain district of Germany, there is an old custom that tests whether an engaged couple are suited for married life together. Before the wedding ceremony, the bride and bridegroom are brought to a clearing where a tree has been cut down. Here they are given a two-handed saw and set to work to saw the trunk in two. This test reveals how far they are willing to co-operate with each other.

ドイツのある地方に、婚約したカップルが共に結婚生活を送るのに適しているかどうかを調べるための古い習慣がある。結婚式の前に、新郎新婦が、木が切り倒された空地へと連れてこられる。ここで二人用のノコギリが手渡され、二人は幹を切り始める。このテストを通して、どの程度この二人が自ら進んで快く、お互いに協力し合おうとしているかがわかるのである。

重要語句

district　地方 | bride and bridegroom　新郎新婦
clearing　空地
two-handed saw　二人用のノコギリ | set to　〜をし始める
trunk　幹 | be willing to　自ら進んで快く〜をする
reveal　〜を明らかにする | how far　どの程度

解説

今、私は35年前に結婚式を挙げたハワイのホテルの部屋で、真夜中の2時、海の音を聴きながら、この原稿を書いています。

結婚式は二人だけで挙げました。ハワイの森の小さな教会で、結婚式の誓いの言葉を交わした時には、内心密かに、「永遠なる愛」など存在するはずがないと思っていました。「お互いに嫌いになったら別れようね」などと結婚式の前日に冗談交じりに話していました。大学院在学中、わずか交際2か月で学生結婚し、まだ就職も決まっていませんでした。

しかし、光陰矢の如し。35年の歳月は一瞬にして過ぎ去り、今年の3月に65歳で定年退職を迎えましたが、結婚に関しては、一度も後悔したことはありません。

人の運命はまさに「偶然」に支配されています。一目惚れの瞬間、脳の中で「扁桃体《へんとうたい》」が作動し「ビビッ」ときました。そして、数時間後、「大脳新皮質」を通して冷静な判断が始まりました。「明るくて、健康的で、瞳が大きくて美しい」「性格が大らかで、物怖じしない」というように、最初の直観に対しての理由づけをしていきました。知り合った次の日に最初のデートをし、その2か月後、結婚しました。

恋愛の基本は、お互いが自由であることです。お互いに好きになれば、つき合えばいいいし、嫌いになれば別れればいいい。この単純明白なルールの延長が結婚です。

相手に対して不審な点や我慢できないほど嫌な点が一点でもある場合は、結婚は潔く白紙に戻した方が良いと思います。結婚に少しでも迷いがある場合は絶対にやめるべきです。

「この人と結婚して大丈夫なのだろうか」といった迷いや疑惑は、パラシュートの穴のようなもので、時間がたつにつれて大きくなり、やがて結婚生活の失速を招くことになるのです。疑問点や不審な点があれば、結婚前に必ず修復しておく必要があります。

46

一人がもう一人を支配したいと思い、
自分に従うことを強要すれば、
二人は共に豊かな結婚生活を
送ることはできないだろう

Two people cannot live together fruitfully if one wishes to rule and force the other to obey. In our present conditions many men and, indeed, many women are convinced that it is the man's part to rule and dictate, to play the leading role, to be the master. This is the reason why we have so many unhappy marriages.

もしも一人がもう一人を支配したいと思い、自分に従うことを強要すれば、二人は、共に実りある充実した生活を送ることはできないだろう。現在の状況においては、多くの男性、それどころか実に多くの女性までもが、人を支配し、命令すること、指導する役割を果たすこと、主人であることは男性の役割だ、と心から信じているのである。これが、我々の社会において、多くの不幸な結婚が存在する理由である。

重要語句

fruitfully　豊かに ｜ force　強要する ｜ obey　従う
convince　確信させる ｜ dictate　命令する
leading role　指導する役割

解説

現代社会における結婚生活において、もしも一人がもう一人を支配したいと思い、自分に従うことを強要するようなことがあれば、その結婚生活は必ず崩壊するでしょう。永遠に存在することはあり得ないと思います。

最近の女性は仕事面でも精力的に働いて、着実に実績を残し、成果を上げて、社会的にも多大な影響力を持って活躍しています。収入面や社会的な地位の面においても、男性と対等な立場に立っています。

特に女性は男性に比べると、一般的に「共感能力」が優れています。つまり、じっくり他人の話に耳を傾けて、相手の心を推測しながら、人間の心の機微を読み取る能力を備えています。

このような能力は、企業内の人事面や相手企業との商談・交渉の面や様々な人間関係においても、重要な機能を果たしているでしょう。また特に学校教育においても、生徒の心に寄り添って共感する能力は、多大な貢献をしていることと思います。

言語能力に関しても、男性と比較すると、極めて優れた感覚を持っています。今日のような国際化社会においては、外国語によるコミュニケーション能力が必要とされていますが、この分野では、圧倒的に女性の方が優位に立っています。

このように、男性よりも女性の方が優れた能力を備えているような場合が多いので、今や支配と服従の関係にある夫婦生活などは、ほとんど存在しないと考えられます。

そんな現代において大切なことは、「相手の欠点を受け入れる」ということではないでしょうか。相手の良いところを見て恋に落ち、そして、欠点を受けいれた時に本当の愛が生まれるのではないでしょうか。

恋愛や結婚は、この世界中の様々な人間関係の中で、一番深い人間関係です。この世で最も深く、二人の人間が関わっている結婚生活において、支配と服従の関係は存在してはいけないと思います。

47

子供を産むべきか、産むべきでないかの決断は、全面的に女性に委ねられるべきである

The decision whether a woman should or should not have a child, should rest entirely with the woman — such at least is my personal belief. I cannot see the use of forcing a child upon a woman who is without social interest or love for children, for she is almost certain to bring it up badly.

子供を産むべきか産むべきでないかの決断は、全面的に女性に委ねられるべきである。これは少なくとも私の個人的な信念である。共同体感覚がなく、子供を愛していない女性に子供を産むことを強いることは意味がないと思う。そのような女性が、子供を上手に育てるとはとても考えられないからである。

重要語句

decision　決断 | rest with　〜に委ねる
entirely　全面的に | at least　少なくとも
personal belief　個人的な信念 | bring up　子供を育てる

解説

「子供を産むべきか、産むべきでないかの決断は、女性の課題であり、他人がとやかく介在すべきではなく、その判断は、全面的に女性に委ねられるべきである」とアドラーは言っています。

アドラーも言うように、自分がある決断を下す場合に大切なのは、様々な選択肢の中から、何が正しいのかというよりも、何が自分の人生にとって有用であるか、最適なものであるかだと思います。

私達の場合は、結婚した当初から、子供を欲しいとは考えていませんでした。夫婦二人だけの人生を選択しました。その理由は、妻には美術の世界があり、私には英語の世界があったからです。

私は大学で英語を教えながら、英語の本を出版してきましたが、妻がイラストと装丁を担当してくれました。二人で、二人三脚で本の出版に携わってきました。これは、私達にとって夫婦二人で歩む人生の方が、子供のいる人生と比較して、有用なものであると考えて判断を下した結論でしたが、この判断は、今でも正しかったと確信しています。子供のいない夫婦二人だけの人生を選択したことを後悔したことは、一度たりともありません。

結婚した当初は、「子供を産んだ方がいい」「子供を持って初めて親の気持ちがわかる」などと言われ、周囲からの無責任な精神的圧力もありましたが、自分の人生の選択が正しいと信じてきました。

自分には自分の選んだ、自分の生き方があり、他人の要求に応じた人生を歩む必要はありません。結婚は二人にとっての課題であり、他人は二人の課題に踏み込んではいけないのです。

大切なのは、自分が選んだ人生を最後まで責任をもって引き受けることなのです。

48

適切な言い訳もなく、デートに遅れる恋人を信頼してはならない。このような行動は、ためらいの態度を表している

There are a thousand signs by which one can understand whether or not a person is prepared for marriage.
Thus one should not trust a person in love who comes late for an appointment without an adequate excuse.
Such action shows a hesitating attitude. It is a sign of lack of preparation for the problems of life.

結婚に対しての準備ができているかどうかを知るためのサインはたくさんある。例えば、それなりの適切な、きちんとした言い訳もなくデートに遅れる恋人を、信頼してはならない。
このような行動は、結婚に対して、ためらいの態度を示唆している。人生の諸問題に対しての準備ができていない証拠である。

重要語句

sign　サイン、証拠、合図 ｜ trust　信頼する
adequate　それなりの、適切な、きちんとした
excuse　言い訳 ｜ hesitating attitude　ためらいの態度

きちんとした、明確な理由もなく、頻繁にデートに遅れてくるような恋人は、無意識のうちに、結婚へのためらいの意思表示をしているのかもしれないし、あるいは、意図的に、相手に対して恋の終わりを示唆するサインを送っているのかもしれません。

また、相手に対する思いやり、いたわりの気持ちが足りないとも見てとれます。このような場合は、恋愛に終止符を打つか、婚約を解消し、別れを切り出すための心の準備を始めるべきでしょう。

「頻繁にデートに遅れてくる」行動を、アドラー心理学では「別れたい」「結婚したくない」という目的に向けての一連の行動であると捉えます。またフロイトの精神分析論でも「デートに遅れてくる」のは無意識のうちに、「別れたい」という無意識の願望が存在するからだと解釈します。

恋愛関係に終止符を打たざるを得ない場合の対処法としては、感情の回路は自分の意思で消すことは難しいので、無理に消去しようとせずに、別の回路を新たに作り出した方が良いでしょう。

例えば、思い切って旅に出たり、意識して新しいことに没頭することによって、発想の転換を図ることが大切です。

私は2年前、大学の世界に嫌気がさして落ち込んだ時に、NHKラジオ放送の『まいにちフランス語』の講座をインターネットでゼロから学び始めることにしました。英語とドイツ語は学生時代に学びましたが、フランス語の世界に新たに挑戦することにしたのです。すると、嫌な世界の雑念から解放されると同時に、フランスの文化や言語の世界の中に新しい歓びと生きがいと感動を見出すことができるようになりました。

感情や思考の回路を新たに作り上げることによって、苦悩の世界から、新たな別の世界へと視点を変えることができるのです。

49

結婚生活は、
二人が自分の性格の誤りを認め、
対等の精神で対処していくのであれば、
適切に成し遂げることができる

Marriage is a task for two persons. Now it is a fact that we are educated either for tasks that can be performed by one person alone or else by twenty persons — never for a task for two persons. But despite our lack of education, the marriage task can be handled properly if the two persons recognize the mistakes in their character and approach things in a spirit of equality.

結婚は二人にとっての課題である。実際には、私たちは、一人だけで成し遂げることのできる課題か、さもなければ、20人で成し遂げる仕事に対しては教育を受けているが、二人で行う課題に対しての教育を受けたことはない。しかし、たとえそのような教育を受けていないとしても、結婚という課題は、二人が互いに自分の性格の誤りを認め合い、対等の精神で多様な問題に取り組むのであれば、適切に対処できるだろう。

重要語句

task　課題 | perform　～を成し遂げる
despite　～にもかかわらず | lack of　～の欠如
handle　～に対処する | properly　適切に

解説

「二人で行う課題に対しての教育を受けていないとしても、結婚という課題は、二人が互いに自分の性格の誤りを認め合い、対等の精神で多様な問題に取り組むのであれば、適切に対処できるだろう」とアドラーは言っています。

結婚とは、二人の人間がお互いの人格を尊重し合い、お互いの欠点を補い合いながら、人生という旅路を歩んでゆくことだと思います。**その際に、絶対に欠かせないのが、「最強の信頼関係」と「最強の共同体感覚」です。**

この場合の「最強の共同体感覚」とは、アドラーのいう「共同体感覚」の中でも、特に重要な意味をもつ、最も強固な信頼関係に支えられた「共同体感覚」のことです。

二人で過ごす時間を大切にして、同じ夢を追いかけながら、様々な困難や苦悩を二人で力を合わせて乗り越えていくのが「結婚という課題」です。

「親しき仲にも礼儀あり」と言いますが、たとえ二人の間がどんなに親密であっ

ても、「礼儀」「いたわり」「思いやり」などを忘れてはいけません。

誰にでも、触れられたくない欠点、劣等感、心の闇、心的外傷のようなものがあるということを、常に心に留めておく必要があります。お互いに親しくなると、遠慮なしに、どんなことを言っても相手は自分を許してくれると勘違いして、ズケズケものを言う人がいます。

二人の間が親密だからと、欠点や本人が気にしていることを遠慮なく指摘する人がいますが、このことが相手をどれだけ傷つけているか、考えてみることが大切です。

この世で一番大切な人の心を傷つけるようなことは絶対にしないでください。長い時間をかけて築いてきた最強の信頼関係が、不用意な一言で、一瞬のうちに崩壊してしまうことが、往々にしてあります。

このことは、結婚に限らず、恋愛関係や親友との関係、親子関係、兄弟関係においても共通して言えることだと思います。

50

甘やかされた子供は、結婚生活で専制君主になり、パートナーは、だまされて罠にはめられたと感じる

Pampered children may develop into great tyrants in marriage; the other partner feels victimized and trapped, and begins to resist. (中略)
Both demand interest and attention and neither can be satisfied. The next step is to look for an escape; one partner begins a flirtation with someone else in the hope of gaining more attention.

甘やかされた子供は、結婚において大いなる専制君主になるかもしれない。もう一人のパートナーは、だまされて罠にはめられたと感じる。そして抵抗し始める。(中略)
両方が相手に関心と注目を要求し、そしてどちらも満足を得られない。次のステップは逃げ道を探すことである。パートナーの一人は、他の誰かとたわむれ始めるが、それは、もっと相手の注意を引きつけたいという願いからである。

重要語句

develop into　成長して〜になる ｜ tyrant　専制君主
feel victimized　だまされたと感じる
trap　罠にはめる ｜ resist　〜に抵抗する
escape　逃げ道、逃亡 ｜ flirtation　たわむれ、浮気

解説

アドラーは、「幼少期に甘やかされた子供は、結婚したら専制君主のようになる」と言っていますが、そのような子供が、自己中心的で横暴な人間に必ずなるのかと言えば、私は決してそのようなことはないと考えています。心理学的な視点から人間の社会性の発達過程を考えてみましょう。

6歳になり、児童期（学童期）を迎えた子供は、小学校に通うようになると、家庭中心の生活から学校中心の生活へ移行します。新たな出会いの中で、社会性を身に付けていくようになり、自分のわがままが集団生活の中では通用しないと知ります。

親よりも友達との関係が強くなり、社会性が著しく発達し、親の甘やかしを避けるようになります。

8歳から11歳くらいになると、仲間集団ができ、社会性や集団内での協力関係や役割が生まれ、共同体意識が芽生えてきます。

心理学では、12歳頃、つまり中学生以降～高校時代を青年期として捉えています。**この時期の友人関係が、人格形成上、多大な影響を与えます。**20代の安定期を過ごしている頃に、結婚を意識し始めます。

このように学童期から成人への過渡期における社会性の発達経過を考えてみると、家庭環境のなかで、**親に甘やかされて育てられた幼児体験の影響よりも、思春期における恋愛や友情を通しての複雑な人間関係を通して受ける精神的影響の方が遥かに強烈だと思います。**

たとえ親に甘やかされた家庭環境の中で育てられたとしても、学生時代の友人や恋人が理想的な家庭で育てられた人物であるならば、彼らの影響を受けて、行動傾向や性格、ライフスタイルも変容すると思います。

また、特に、結婚した相手によっても、多大な影響を受けることになるのです。

アドラー心理学の概要

アドラー心理学の中で、特に重要なポイントは、「他人から自分がどう思われているか、他人から嫌われないで生きるにはどうすればいいのか、ということを常に意識しながら生きる人生は、他人の評価によって自分の人生が左右されるようなものである。これでは、自分自身の人生を生きていることにはならない。自分の人生は、自分が決めたものであり、自分が主人公である。

だから、**他人の評価を気にせずに自分自身にとって、最も有用で快適な時間を過ごせるように人生を歩むことが大切である**」という考え方です。

このような、他人の目を気にしない自由な生き方をしていると、時には他人から嫌われたり、陰口を叩かれたりすることもあるかもしれません。しかし、「自由な生き方」を選んだ方が楽に生きられ、より有意義な時間を過ごすことができると思います。

アドラーは、「人間の悩みは、すべて対人関係の悩みである」と言っています。そして、自分の考え方（ライフスタイル）を変えることによって、この悩みを解消することができると考えているのです。

他人には他人の事情、課題、考え方（ライフスタイル）があるので、**他人を自分の思うようにしようと思っても、できません。特に他人の愛や尊敬の気持ちは、自分ではどうすることもできないのです。**

アドラーは、劣等感とは「客観的事実」ではなく、「主観的な解釈」だと考えました。つまり、主観的な「思い込み」なのだから、自分の主観を変えることによって、さらには、自分の価値観や判断基準、認知を変えることによって、劣等感は解消され、飛躍の礎石、成長の糧となるのです。これがアドラー心理学の「認知論」です。

アドラー心理学の中で特に強調されている点は、「人は、変われる。対人関係の悩みから解放されるためには、〝勇気〟を持って、自分を変えることである。今現在の自分が変われば、未来の自分も変われる」という前向きな、生き方で

す。

対人関係の基本は、「私とあなた」の関係です。対人関係のカードは私の手の中に握られていることを忘れてはいけません。

職場や環境を変えたところで、嫌な人間や自分を嫌う人間は、どこの世界にもいます。「私」が変わらなければ、どんな世界に住もうとも、同じ悩みに苦しむことでしょう。現実を直視して、自分が変わらなければ、根本的な解決にはならないのです。

最後に、アドラー心理学を理解する上で、重要と思われるポイント、キーワードをおさらいしましょう。

① 課題の分離

他人の考え・行動や尊敬・愛などの感情を、自分の思い通りに変えることはできません。しかし、自分自身の考え方を変えることはできます。

他人の課題に踏み込んではいけませんし、自分の課題にも他人を踏み込ませて

はいけません。自分と他人の課題は分離して考えないと、必ず衝突し、人間関係が破綻する原因になります。

②　承認欲求の否定

他人に自分がどう思われようと、自分の価値は変わりません。他人に承認されるために自分の人生があるのではないのです。自分の生き方を貫くためには、他人の目を気にせずに生きることが大切です。そのためには、他人に嫌われてもかまわないでしょう。自分の人生は、自分のためにある。他人のための人生ではないのですから。

そして、他人もまた、その人の人生を生きているので、こちらの期待を満たすために生きているのではないのです。自分が誰かから嫌われているとすれば、それは自分が自由に生きている証であり、人生の主人公になっている証なのです。

③　認知論

人は誰でも、客観的な世界ではなく、自分の世界観に基づいた主観的な世界に生きています。主観が異なるので、認知の仕方、ものごとの捉え方、考え方、感じ方は、十人十色です。**人は自分の主観から逃れることはできませんが、自分の主観、考え方、感じ方は、自分自身で変えることができます。**

④ 目的論

人間の行動は、フロイトの言うように、過去の経験、例えばトラウマ・心的外傷などの外的要因によって決定されるのではなく、自分の目的に従って決定されます。

行動や失敗の原因を過去に遡って考えても、過去は変えられません。大切なのは、これから、どうするかです。人は何らかの目的を持って行動しています。未来の目的は自分で変えられるので、これからの行動も変えることができるのです。何が自分に与えられているのかではなく、自分に与えられているものをどう使うかを考えましょう。

⑤ 自己決定性

自分の人生の歩み方は、自分自身の意思で、決定したものです。自分次第で人生は変えることができます。**過去の人生に何があったとしても、今後の人生をどう生きるかについては何の影響もありません。**今後の生き方・行動を決めるのは、現在の自分であり、自分自身の自由な選択なのです。

⑥　共同体感覚

課題の分離、承認欲求の否定、認知論、目的論、自己決定性を通して、対人関係の問題を解決し、**敵対する他人を自分の仲間と見なし、自分の所属しているグループや集団のために貢献しましょう。**

その際は、他人の評価を気にせず、何の見返りも期待してはいけません。この時に「共同体感覚」が生まれます。このことを通して対人関係の問題や孤独感、孤立感は解消、克服されて、人は幸せになれるのです。

共同体感覚とは、お互いに信頼関係を持ち、人と人とが結びついている状態です。「自分は誰かの役に立っている」という貢献感を得ることによって、自信が生まれ、幸せになれます。アドラー心理学では、この貢献感を得て、自信に満たされた状態を「勇気づけ」と呼びました。

⑦　勇気づけ

アドラー心理学では、困難を克服する活力で、自信に満たされた状態になることを「勇気づけ」と呼び、**自分と他人を励ますことが、幸せな人生を歩むためには必要であると考えました。**

体罰や叱るといった行為は、いかなる場合でも、勇気を挫《くじ》くものであるとしています。「ありがとう。助かったよ」という感謝の言葉によって人は勇気づけられるのです。

⑧　レジリエンス（resilience）

「レジリエンス」とは、**逆境を跳ね返す力、逆境や強いストレスにあっても、折れずに、復元できる力**を意味します。**逆境やストレスを逆手にとって、飛躍するチャンスとして受け止め、プラスの経験として、成長の糧としてしまう**ような、前向きな生き方、考え方をする習慣をつけることが大切です。この姿勢を支えるのが、レジリエンスです。

⑨　ライフスタイル

「ライフスタイル」とは、一般的には「生活様式」という意味ですが、アドラー心理学では、人間の生き方、考え方（思考）、感じ方（感情）に近い意味で、その人独自の世界観、価値判断の基準、行動様式などの総合されたものを意味します。これは**固定したものではなく、自分の努力で、変えることができる**のです。

⑩　劣等感

「劣等感」とは、主観的に自分の一部を劣等と感じることです。アドラーは、一般的に考えられているように、他者との比較で自分自身が劣っていると感じることだけではなく、現実の自分自身と理想とする自分とのギャップに対して抱くマイナスの感情も劣等感と考えました。

つまり、**劣等感を自らの目標に向かって生き抜くための刺激として捉え、プラスのエネルギーになるもの**と考えました。

⑪ 劣等コンプレクス

「劣等コンプレクス」とは、自分が劣った存在であることを示し課題から現実逃避することです。アドラー心理学では、**劣等感を現実逃避のための「言い訳」に使うことを「劣等コンプレクス」と呼んでいます。**

例えば、トラウマ（心的外傷）や神経症などを理由にして、「だから私にはできない。無理なのだ」と主張するのが「劣等コンプレクス」なのです。

⑫ 優越コンプレクス

「優越コンプレクス」は「劣等コンプレクス」の一部であると考えられます。**「優越コンプレクス」のある人は、自分を実際よりも優れているように見せようとする**特徴があります。学歴や肩書を誇示したり、高級ブランド品で身を包んだりします。彼らには、他者よりも自分の方が優れて見えることが重要なので、**絶えず他者の評価を気にかけているのですが、実際には自分が思っているほど他者は期待していないのです。**

おわりに

アドラー心理学の理論を具体的に説明するにあたり、私が実際に経験した事例を織り交ぜてお話させていただきましたが、その際、改めて自分自身が歩んできた人生を振り返ることになりました。

その中で特に強く感じたことは、「**一生懸命に、明確な目的や夢を持って、真剣に人生を生きている人は、必ず救われる**」ということです。

不幸な出来事や失敗に直面しても、プラス思考で捉えることによって、苦しい状況を乗り越えて、未来に向かって飛躍する礎石とすることができるのです。

懸命に努力し、苦しい状況から這い上がろうとしていると、誰かが必ず力を貸してくれるものです。真剣に生きることを、絶対にあきらめてはいけません。

Never Give Up! 必ず道は開けます！ 生き抜いてください！

また、**「恋愛力」をプラスの方向に向けることも大切です。恋は、生きる勇気**

を与えてくれます。どんなに辛い状況に置かれても、恋をしている人の心には一筋の光が差し込んできます。ひた向きに努力をする勇気と将来の夢を抱いて前進する勇気を与えてくれます。

大切なことは、他人の評価を気にせずに、好きなように、マイペースで自分の人生を生きることです。そのためには、多少人から嫌われてもいいじゃないですか。誰からも良く思われなくてもいいじゃないですか。ラクに、シンプルな人生を楽しみながら、歩んでいきましょう！

読者の皆さんが、この本を読んで、少しでも元気になってくれることを心から祈っています。

最後に、この本を企画・編集して下さったＰＨＰ研究所の根本騎兄氏、北村淳子氏をはじめとする関係者の皆様に心から感謝の意を表したいと思います。

二〇一六年　秋の朝

小池直己

著者紹介
小池直己（こいけ　なおみ）
立教大学卒業、広島大学大学院修了。特に心理学の理論を応用した英語教育の研究を専門とする。カリフォルニア大学ロサンゼルス校（UCLA）の客員研究員を経て、大東文化大学助教授、相模女子大学教授、就実大学教授・大学院教授を歴任。その間、NHK教育テレビの講師も務める。英字新聞『Asahi Weekly』の連載コラムでもおなじみ。
「放送英語を教材とした英語教育の研究」で日本教育研究連合会より表彰、受賞。
『放送英語を教材とした英語教育の研究』『放送英語と新聞英語の研究』『放送英語と英語教育の研究』（以上、北星堂書店）などの研究書がある。専門は、放送英語、新聞英語、映画英語、英語教育学などである。
主な著書は、『英会話の基本表現100話』『語源でふやそう英単語』『話すための英文法』（以上、岩波書店）、『40歳から英語をものにする方法』『「使える英語」が5日間で身につく本』（以上、ＰＨＰ研究所）、佐藤誠司氏との共著として『中学英語を5日間でやり直す本』『中学英語を5日間でやり直す本〈パワーアップ編〉』『高校英語を5日間でやり直す本』『英語力テスト1000』（以上、ＰＨＰ文庫）など、370冊以上、累計500万部以上にのぼる。

本書は、書き下ろし作品です。

PHP文庫　英語でたのしむ「アドラー心理学」
その著作が語りかける、勇気と信念の言葉

2016年12月14日　第1版第1刷
2017年6月8日　第1版第2刷

著　者　小池直己
発行者　岡　修平
発行所　株式会社PHP研究所
東京本部　〒135-8137 江東区豊洲5-6-52
文庫出版部　☎03-3520-9617(編集)
普及一部　☎03-3520-9630(販売)
京都本部　〒601-8411 京都市南区西九条北ノ内町11
PHP INTERFACE　http://www.php.co.jp/
組　版　朝日メディアインターナショナル株式会社
印刷所
製本所　共同印刷株式会社

ISBN978-4-569-76671-3

PHP文庫好評既刊

こころがホッとする考え方

ちょっとしたことでずっとラクに生きられる

すがのたいぞう 著

こころにも息抜きは必要です。本書は、疲れたこころを癒す「処方箋」が満載。一読すれば、きっとあなたもホッとして気分がラクになる。

PHP文庫好評既刊

高校英語を5日間でやり直す本

楽しみながら、らくらくマスター！

小池直己／佐藤誠司　共著

あれだけ受験で頑張った「高校英語」、頭のどこかに眠らせていませんか？　高校3年間で習った英語が、わずか5日間でやり直せる一冊。

定価　本体五七一円（税別）

PHP文庫好評既刊

中学英語を5日間でやり直す本

「基本の基本」が驚きのスピードで頭に甦る

小池直己／佐藤誠司 共著

意外に忘れている「中学校の英語」の基礎を5日間で復習。教科書では教えてくれない「使える基礎」も身に付く、英語を学ぶ人必読の本。

定価 本体五五二円（税別）